KB092747

그림과 함께 기억하는

Sophia Li 지음

포켓

영단어

2000

혜지현

1 독창적인 단어 암기법

단어 안을 자세히 들여다보면 중복되는 글자들이 보입니다. 이러한 단어들 사이의 유사성으로 최소 2~3개의 단어를 공부할 수 있습니다. 하나의 단어만 외우면 비슷한 파생단어들까지 외울 수 있습니다.

2 이미지연상+유사발음으로 라임 맞추기

단어들은 비슷한 음들로 라임을 맞추었을 뿐만 아니라, 상황에 맞는 일러스트를 삽입하여 그림과 암기를 함께할 수 있도록 하였습니다. 일반적으로 좌뇌는 글자를, 우뇌는 그림을 기억하게 한다고 합니다. 우리는 좌뇌, 우뇌를 모두 사용하여 여기에서 공부한 단어는 머릿속에서 서로 연상되어 기억할 수 있습니다.

3 재미있는 일러스트 ✕ 강렬한 예문

모든 단어마다 재미있는 일러스트와 유머러스한 예문을 사용하여 단어 암기를 도왔습니다. 체계적인 단어 암기 전략으로 단어에 대한 인상을 깊이 남기고 외웠던 단어를 오래 기억하게 하여 영어 어휘량을 빠르게 늘릴 수 있을 것입니다. 독자들이 관련 어휘를 최대한 많이 암기할 수 있도록 관련 예문을 만들었습니다.

giant n 거인

giant 자인
ant 개미

There is an ant on the giant.
거인 위에 개미가 있다.

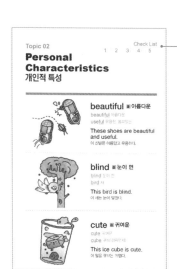

4 각 Topic 당 얼마나 공부했는지 체크!

Topic 02

Personal Characteristics
개인적 특성

Check List
1 2 3 4 5

beautiful ■ 아름다운

beautiful 아름다운
useful 유용한; 쓸모있는
These shoes are beautiful and useful.
이 신발은 아름답고 유용하다.

blind ■ 눈이 먼

blind 눈이 먼
bird 새
This bird is blind.
이 새는 눈이 멀었다.

cute ■ 귀여운

cute 귀여운
cube 육면체[정육면체]
This ice cube is cute.
이 얼음 조각은 귀엽다.

Check List
1 □ 2 □ 3 □ 4 □ 5 □

각 Topic 당 몇 번 공부했는지 체크할 수 있도록 하였습니다. 체크 리스트에 몇 번 봤는지 체크하면서 공부한다면 공부했다는 성취감도 생기고 그 단어들을 공부했는지 안 했는지 알 수도 있을 것입니다. 하나하나 체크 리스트 박스가 사라지는 즐거움도 느껴보세요!

혹시 재미있는 이야기를 많이 알고 계신가요?

그 재미있는 이야기들을 혹시 미친 듯이 암기했어야 했나요?

저는 아니었을 것이라 생각합니다. 왜냐하면 우리의 뇌는 즐거운 것을 좋아하고, 뇌는 우리가 재미있다고 느끼기만 하면 기억 저장고를 열어 저장하기 때문입니다. 연구 결과에 따르면 우뇌는 고속 대용량 기억 능력을 가지고 있어 순식간에 입력된 정보를 이미지로 기억할 수 있다고 합니다. 그에 반해 좌뇌는 외부에서 입력된 정보를 하나하나 순차적으로 처리하며 언어로 전환하여 전달하는 직렬식 처리에 속한다고 합니다.

이 책에서는 좌뇌와 우뇌의 학습 잠재력을 깨워 좌뇌의 언어 처리 능력과 우뇌의 이미지 사고능력을 활용하여 독자들로 하여금 모든 단어들에 대한 깊은 인상을 심어주도록 할 것입니다.

새로운 단어들은 새로운 사람과 같습니다. 작은 관심만 있다면 모든 단어들이 저마다 독특한 특징을 갖고 있다는 것을 발견할 수 있을 것입니다. 이를테면 어떤 단어는 속에 숨어있는데, 예를 들어 'busy(바쁜)'속에는 'bus(버스)'한 대가 있습니다. 또 어떤 단어는 다른 단어와 생김새가 매우 비슷합니다. 'king(왕)'과 'sing(노래하다)'이 그러합니다.

그리하여 이 책에서는 재미있는 일러스트와 유사한 발음으로 라임을 만들어서 예문을 만들었습니다. 그리하여 2,000개 정도의 어휘를 빠른 속도로 7,000개에서 심지어 20,000개의 어휘로 늘릴 수 있도록 도울 것입니다. 단어가 익숙하고 재미있게 느껴진다면 이 단어들은 곧 당신의 평생 자산이 될 것입니다.

이 책은 가장 쉬운 단어부터 초, 중학교 수준의 단어들로 구성하였습니다. 이는 가장 필요하고 많이 쓰이는 필수 단어들입니다. 뿐만 아니라 각 Topic당 체크 리스트를 만들어서 몇 번, 얼마나 공부하였는지 체크할 수 있도록 하였습니다. 여러분은 이 책을 가지고 다니면서 단어를 복습할 수 있어 최고의 학습 효율을 얻을 수 있을 것입니다.

마지막으로 이 책이 독자들로 하여금 과거 구시대적인 영어 학습 모델로부터 벗어나게 하며, 영어 공부에 흥미를 느끼고 더 많은 학습 잠재력을 일깨울 수 있도록 돕기를 바라며, 영어가 단순히 하나의 도구가 아니라 언어를 넘어서 세계로 나아갈 수 있는 창문이 되기를 바랍니다.

Sophia Li

목차 Contents

Chapter 1
기초 1,200 단어

목차 Contents

Chapter 2
기초 800 단어

목차 **Contents**

This bus driver is busy.

This bed is bad.

Chapter 1
기초 1,200 단어

n 명사

v 동사

a 형용사

ad 부사

art 관사

aux 조동사

int 감탄사

pron 대명사

prep 전치사

conj 접속사

People
사람들

baby n 아기

<u>baby</u> 아기
<u>bad</u> 말을 안 듣는, 버릇없는, 나쁜

He is a bad baby.
그는 말을 안 듣는 아기이다.

boy n 남자아이

<u>boy</u> 남자아이
<u>toy</u> 장난감

This boy has a toy.
이 남자아이는 장난감을 갖고 있다.

child n 아이

<u>child</u> 아이
<u>wild</u> 사나운, 제멋대로 구는

This child is wild.
이 아이는 사납다.

giant n 거인

<u>giant</u> 거인
<u>ant</u> 개미

There is an ant on the giant.
거인 위에 개미가 있다.

girl n 여자아이

girl 여자아이

bird 새

This girl has a big bird.
이 여자아이는 큰 새를 가지고 있다.

guy n 남자

guy 남자

buy 사다

This guy buys a kite.
이 남자는 연을 산다.

kid n 아이

kid 아이

kind 친절한

This kid is very kind.
이 아이는 매우 친절하다.

king n 왕

king 왕

sing (노래를) 부르다

This king sings every night.
이 왕은 매일 밤 노래를 부른다.

queen n 여왕

queen 여왕

green 초록색의

The queen has a green snake.
여왕은 초록색 뱀을 갖고 있다.

man n (성인) 남자

man (성인) 남자
woman (성인) 여자

A man kisses a woman.
남자가 여자에게 키스를 한다.

woman n (성인) 여자

woman (성인) 여자
man (성인) 남자

A man kisses a woman.
남자가 여자에게 키스를 한다.

neighbor n 이웃

neighbor 이웃
eight 8, 여덟

She has eight neighbors.
그녀에게는 여덟 명의 이웃이 있다.

people n 사람들

people 사람들
purple 보라색

Two people became purple!
두 사람은 보라색이 되었다!

person n 사람

person 사람
son 아들

This person is teaching his son.
이 사람은 그의 아들을 가르치고 있다.

prince n 왕자

prince 왕자
princess 공주

The prince and princess dolls are on sale.
왕자와 공주 인형들이 판매되고 있다.

princess n 공주

princess 공주
prince 왕자

The prince and princess dolls are on sale.
왕자와 공주 인형들이 판매되고 있다.

우리 박수를
준비해야 하나요?

stranger n 낯선 사람

stranger 낯선 사람
strange 이상한

This stranger is strange.
이 낯선 사람은 이상하다.

TEAM

teenager n 십대

teenager 십대
team 팀

Many teenagers are in this team.
많은 십대들이 이 팀에 속해 있다.

 Tip

- Monday 월요일
- Tuesday 화요일
- Wednesday 수요일
- Thursday 목요일

- Friday 금요일
- Saturday 토요일
- Sunday 일요일

Personal Characteristics
개인적 특성

beautiful ⓐ 아름다운

beautiful 아름다운
useful 유용한, 쓸모있는

These shoes are beautiful and useful.
이 신발은 아름답고 유용하다.

blind ⓐ 눈이 먼

blind 눈이 먼
bird 새

This bird is blind.
이 새는 눈이 멀었다.

cute ⓐ 귀여운

cute 귀여운
cube 큐브(정육면체)

This ice cube is cute.
이 얼음 큐브는 귀엽다.

fat ⓐ 몸이 뚱뚱한

fat 몸이 뚱뚱한
cat 고양이

His cat is fat.
그의 고양이는 뚱뚱하다.

handsome a 잘생긴

handsome 잘생긴

hand 손

A handsome man handed me something.
잘생긴 남자가 나에게 무언가를 건네주었다.

heavy a 무거운

heavy 무거운

head 머리

My head is heavy today.
오늘은 내 머리가 무겁다.

old a 늙은

old 늙은

gold 황금

This old man found his gold.
이 늙은 남자는 그의 황금을 찾았다.

pretty a 예쁜

pretty 예쁜

Betty Betty(사람 이름)

Betty is a pretty girl.
Betty는 예쁜 여자아이다.

short a 짧은

short 짧은

shirt 셔츠

This shirt is too short.
이 셔츠는 너무 짧다.

slim ⓐ 날씬한

slim 날씬한
slow 느린

It is slow and slim.
그것은 느리고 날씬하다.

tall ⓐ 높은

tall 높은
wall 벽

This wall is too tall.
이 벽은 너무 높다.

thin ⓐ 날씬한, 얇은

thin 날씬한
this 이, 이것

This man is thin.
이 남자는 날씬하다.

young ⓐ 젊은, 어린

young 젊은
you 당신, 너

Do you know this young man?
당신은 이 젊은 남자를 아십니까?

angry ⓐ 성이 난

angry 성이 난
hungry 배고픈

This man is hungry and angry.
이 남자는 배고프고 화가 났다.

bad @ 안 좋은, 나쁜

bad 안 좋은
bed 침대

This bed is bad.
이 침대는 안 좋다.

│ 개인적 특성 Personal Characteristics │

boring @ 지루한

boring 지루한
bowling 볼링

He thinks the bowling is boring.
그는 볼링은 지루하다고 생각한다.

bored @ 지루해하는

bored 지루해하는
sore 아픈

He is sore and bored.
그는 아프고 지루하다.

busy @ 바쁜

busy 바쁜
bus 버스

This bus driver is busy.
이 버스 기사는 바쁘다.

careful @ 조심하는

careful 조심하는
care 조심

Be careful! Take care!
조심하세요! 몸 건강(조심)하세요!

crazy [a] 미친, 정상이 아닌

crazy 미친
lazy 게으른

He is not crazy. He is just lazy.
그는 미친 것은 아니다. 그는 단지 게으른 것이다.

excited [a] 흥분된, 신이 난

excited 흥분된
exciting 흥미진진한

He is excited about the exciting news.
그는 흥미진진한 뉴스로 흥분되었다.

exciting [a] 흥미진진한

exciting 흥미진진한
excited 흥분된, 신이 난

He is excited about the exciting news.
그는 흥미진진한 뉴스로 흥분되었다.

famous [a] 유명한

famous 유명한
mouse 쥐

This mouse is famous.
이 쥐는 유명하다.

friendly [a] 친근한, 친한

friendly 친근한
friend 친구

My friend and his dog are friendly.
내 친구와 그의 강아지는 친근하다.

funny a 우스운, 재미있는

<u>funny</u> 우스운. 재미있는

<u>sunny</u> 화창한

Fanny dresses funny on sunny days.
Fanny는 화창한 날에 옷을 우습게 입었다.

good a 좋은

<u>good</u> 좋은

<u>food</u> 음식

Coconuts are good food.
코코넛은 좋은 음식이다.

happy a 행복한

<u>happy</u> 행복한

<u>hippy</u> 히피(사회생활 양식을 거부하는 사람)

The hippy and his puppy are happy.
히피족과 그의 강아지는 행복하다.

hard-working a 근면한

<u>hard-working</u> 근면한

<u>worker</u> 노동자

He is a hard-working worker.
그는 근면한 노동자다.

honest a 정직한

<u>honest</u> 정직한

<u>nest</u> 둥지

An honest fox is next to a nest.
정직한 여우가 둥지 옆에 있다.

interested
a 흥미 있는, 관심 있는

interested 흥미 있는, 관심 있는
rest 휴식

He is interested in resting, and watching TV.
그는 휴식을 취하며 TV 보는 것에 흥미가 있다.

kind **a** 친절한

kind 친절한
kid 아이

This kid is very kind.
이 아이는 매우 친절하다.

lazy **a** 게으른

lazy 게으른
crazy 미친, 정상이 아닌

He is not crazy. He is just lazy.
그는 미친 것이 아니다. 그는 단지 게으른 것이다.

lonely **a** 외로운

lonely 외로운
lovely 사랑스러운

He has a lovely dog, but he is still lonely.
그는 사랑스러운 개를 가지고 있지만 여전히 외롭다.

lovely **a** 사랑스러운

lovely 사랑스러운
lonely 외로운

He has a lovely dog, but he is still lonely.
그는 사랑스러운 개를 가지고 있지만 여전히 외롭다.

mad [a] 화가 난, 미친

mad 화가 난, 미친
sad 슬픈

This man is mad and sad.
이 남자는 몹시 화가 나고 슬프다.

nice [a] 좋은, 친절한

nice 좋은, 친절한
niece 조카 (딸)

His niece is not nice.
그의 조카는 친절하지 않다.

polite [a] 공손한, 예의바른

polite 공손한, 예의바른
police 경찰

This police officer is polite.
이 경찰관은 공손하다.

poor [a] 가난한

poor 가난한
pool 수영장

This poor man is in the pool.
가난한 남자가 수영장 안에 있다.

proud [a] 거만한, 자랑스러운

proud 거만한
loud 시끄러운

He is loud and proud.
그는 시끄럽고 거만하다.

rich a 부유한

rich 부유한
Richard Richard(사람 이름)

Richard is a rich man.
Richard는 부유한 남자다.

sad a 슬픈

sad 슬픈
mad 몹시 화가 난

This man is mad and sad.
이 남자는 몹시 화가 나고 슬프다.

shy a 수줍어하는

shy 수줍어하는
she 그녀

She is shy.
그녀는 수줍음을 많이 탄다.

smart a 똑똑한

smart 똑똑한
Mark Mark(사람 이름)

Mark is very smart.
Mark는 매우 똑똑하다.

stupid a 어리석은

stupid 어리석은
student 학생

This student is stupid.
이 학생은 어리석다.

successful ⓐ 성공한

successful 성공한

success 성과, 성공

This is his success. He is a successful man.
이것은 그의 성과이다. 그는 성공한 남자이다.

unhappy ⓐ 불행한, 슬픈

unhappy 불행한, 슬픈

puppy 강아지

This puppy is unhappy.
이 강아지는 불행하다.

wise ⓐ 지혜로운

wise 지혜로운

wife 아내

He has a wise wife.
그에게는 지혜로운 아내가 있다.

Topic 03

Check List

1　2　3　4　5

Parts of Body
신체 부위

ear ⓝ 귀

ear 귀

hear 듣다

His ears can hear very well.
그의 귀는 매우 잘 들을 수 있다.

eye **n** 눈

eye 눈
Eve Eve(사람 이름)

Eve hurt his eye.
Eve는 그의 눈을 다치게 했다.

face **n** 얼굴

face 얼굴
ace (카드의) 에이스

He has an ace on his face.
그는 그의 얼굴에 에이스 카드를 갖고 있다.

hair **n** 머리, 머리털

hair 머리, 머리털
air 공기

Its hair is flying in the air.
그것의 머리는 공기 중에 날리고 있다.

lip **n** 입술

lip 입술
sip (음료를) 홀짝이다

He took a sip with his lips.
그는 입술로 음료 한 모금 마셨다.

mouth **n** 입

mouth 입
month 월, 달

Her mouth was hurt last month.
그녀의 입은 지난달에 다쳤다.

nose n 코

nose 코

rose 장미

She put the roses close to her nose.

그녀는 장미를 그녀의 코에 가까이 갖다 댔다.

tooth n 이, 치아

tooth 이, 치아

too 너무

His tooth is too big.

그의 치아는 너무 크다.

arm n 팔

arm 팔

farm 농장

He has strong arms for working at a farm.

그는 농장에서 일하기에 튼튼한 팔을 갖고 있다.

back n 등, 허리

back 등, 허리

pack (짐을) 싸다, 챙기다

He packed his plant and carried on his back.

그는 그의 화초를 싸서 등에 지고 날랐다.

body n 신체, 몸

body 신체

buddy 친구

His buddy has a good body.

그의 친구는 좋은 신체를 갖고 있다.

finger n 손가락

finger 손가락

singer 가수

This singer has beautiful fingers.
이 가수는 아름다운 손가락을 갖고 있다.

foot n 발

foot 발

boot 부츠

His left foot is too big for the boot.
그의 왼발은 부츠를 신기에는 너무 크다.

hand n 손

hand 손

head 머리

He holds his head with his hands.
그는 양손으로 머리를 잡고 있다.

head n 머리

head 머리

hand 손

He holds his head with his hands.
그는 양손으로 머리를 잡고 있다.

knee n 무릎

knee 무릎

need 필요하다

He needs help for his knee.
그는 무릎에 도움이 필요하다.

leg n 다리

leg 다리

lake 호수

He puts his legs are into the lake.
그는 그의 다리를 호수에 넣었다.

nail n 손톱, 발톱

nail 손톱, 발톱

dial (전화를) 걸다

She can't dial the phone with her nails.
그녀는 손톱 때문에 전화를 걸 수가 없다.

neck n 목

neck 목

peck 쪼다

This bird pecks my neck.
이 새는 내 목을 쪼고 있다.

shoulder n 어깨

shoulder 어깨

should ~해야 한다

You should not put the kid on your shoulders.
너는 너의 어깨 위에 아이를 두면 안 된다.

throat n 목, 목구멍

throat 목, 목구멍

boat 배

He puts a boat down his throat.
그는 그의 목에 보트를 넣는다.

heart [n] 심장, 가슴

heart 심장, 가슴

hear 듣다

The doctor can hear the beat of her heart.
의사는 그녀의 심장 박동을 들을 수 있다.

stomach [n] 위, 배

stomach 위, 배

Tom Tom(사람 이름)

Tom has a big stomach.
Tom은 큰 위(배)를 갖고 있다.

Topic 04

Check List
1☐ 2☐ 3☐ 4☐ 5☐

Health
건강

comfortable
[a] 편안한 , 안락한

comfortable 편안한 / come 오다

for ~위한 ~의 / table 책상

He comes here for this comfortable table.
그는 이 편안한 탁자 때문에 이곳에 온다.

healthy [a] 건강한

healthy 건강한

wealthy 부유한

He is healthy and wealthy.
그는 건강하고 부유하다.

health n 건강

h<u>ealth</u> 건강
w<u>ealth</u> 부유함

He has both health and wealth.
그는 건강함과 부유함 둘 다 가지고 있다.

sick a 병든, 아픈

<u>sick</u> 병든
<u>pick</u> 고르다, 선택하다

He picked a sick fish.
그는 병든 물고기를 골랐다.

tired a 피로한, 지친

<u>tired</u> 피로한, 지친
<u>tire</u> 타이어

He is tired of playing with the tire.
그는 타이어를 가지고 노는 것에 싫증이 났다.

weak a 약한

w<u>eak</u> 약한
w<u>ear</u> 입다

He is too weak to wear those clothes.
그는 너무 약해서 이 옷을 입을 수가 없다.

well a 건강이 좋은, 잘

w<u>ell</u> 건강이 좋은, 잘
f<u>ell</u> 떨어졌다

He is not well, because he fell.
그는 떨어졌기 때문에 건강이 좋지 않다.

strong
a 힘이 센, 튼튼한, 강한

strong 힘이 센, 튼튼한, 강한
wrong 엉뚱한, 틀린

The strong man hit the
wrong person.
힘이 센 남자는 엉뚱한 사람을 쳤다.

medicine **n** 약, 의학

medicine 약
medical 의학의

He needs some medicine,
and a medical doctor.
그는 약간의 약과 의사가 필요하다.

headache **n** 두통

headache 두통
toothache 치통

He has a headache and a
toothache.
그는 두통과 치통을 앓고 있다.

fever **n** 열

fever 열
never 절대 ~않다

I never have a fever.
나는 절대 열이 나지 않는다.

sore **a** 아픈

sore 아픈
more 더(많이)

You have a sore throat. No
more ice cream!
당신은 인후염을 앓고 있어요. 더 이상의 아
이스크림은 안 돼요!

life n 삶, 생명

life 삶, 생명
wife 아내

My wife is the light of my life.
나의 아내는 내 삶의 빛이다.

Topic 05

Check List
1 2 3 4 5

Forms of Address
직함

선생님, 이쪽으로...

sir
n 손님, 담당자, 선생님(남자)

This way please, sir.
이쪽으로 모시겠습니다. 선생님.

Door 박사님
조심하십시오.

Dr. n 의사, 박사

Dr. 의사, 박사
Door 문

Dr. Door
Door 박사

Mr. n ~씨, ~님(남자)

Mr. Lincoln
Lincoln 씨

Mrs.
n ~부인, ~님(기혼 여성)

Mrs. Claus
Claus 부인

아가씨 뭐 드시겠어요?

Miss **n** ~양, ~님

Miss Kaka
Kaka 양

Ms. **n** ~씨(모든 여성)

Ms. Monroe
Monroe 씨

따른 너도 벌려

뚱뚱한 너도 벌려

name **n** 이름

name 이름
same 같은

These two boys have the same name.
두 명의 소년들은 이름이 같다.

 Tip

- Capricorn 염소자리
- Aquarius 물병자리
- Pisces 물고기자리
- Aries 양자리
- Taurus 황소자리
- Gemini 쌍둥이자리

Topic 06

Family
가족

aunt [n] 이모, 고모, 숙모

aunt 이모, 고모, 숙모

ant 개미

My aunt doesn't like ants.
우리 이모는 개미를 싫어한다.

brother
[n] 형, 오빠, 남동생

brother 형, 오빠, 남동생

gather 모으다

His brother gathers feathers.
그의 형은 깃털을 모은다.

Topic

06

| 가족 Family |

cousin [n] 사촌

cousin 사촌

count (수를) 세다

My cousin can count.
나의 사촌은 (숫자를) 셀 수 있다.

daughter [n] 딸

daughter 딸

fighter 싸움꾼

His daughter is a fighter.
그의 딸은 싸움꾼이다.

family n 가족

family 가족
Emily Emily(사람 이름)

Emily has a small family.
Emily는 식구가 적다.

mother n 어머니

mother 어머니
motorcycle 오토바이

Her mother loves
motorcycles.
그녀의 어머니는 오토바이를 좋아한다.

father n 아버지

father 아버지
fat 뚱뚱한 / her 그녀의

Her father is fat.
그녀의 아버지는 뚱뚱하다.

grandfather
n 할아버지

grandfather 할아버지
grandson 손자

This grandfather has two
grandsons.
할아버지에게는 두 명의 손자가 있다.

grandmother
n 할머니

grandmother 할머니
granddaughter 손녀

This grandmother has two
granddaughters.
할머니에게는 두 명의 손녀가 있다.

husband n 남편

husband 남편
band 밴드

Her husband is in a band.
그녀의 남편은 밴드부에 속해있다.

parent n 부모

parent 부모
present 선물

He gave his parents a present.
그는 그의 부모님에게 선물을 드렸다.

sister
n 언니, 누나, 여동생

sister 언니, 누나, 여동생
system 시스템, 체계

My sister doesn't know this system.
나의 여동생은 시스템에 대해 모른다.

son n 아들

son 아들
soon 곧

She is going to have a son soon.
그녀는 곧 아들을 낳을 것이다.

uncle
n 삼촌, 고모부, 이모부

uncle 삼촌, 고모부, 이모부
encore 앙코르, 재청

His uncle likes to call for encores.
그의 삼촌은 앙코르를 청하는 것을 좋아한다.

Topic
06

| 가족 Family |

39

wife n 아내

wife 아내

life 삶, 생명

My wife is the light of my life.
나의 아내는 내 삶의 빛이다.

born a 태어나다, 타고난

born 태어나다, 타고난

horn 뿔

This cow was born with three horns.
이 소는 세 개의 뿔을 갖고 태어났다.

grow
v 식물을 재배하다, 커지다

grow 식물을 재배하다, 커지다,

row 줄, 열

He grows two rows of beans.
그는 두 줄의 콩을 재배한다.

live v 거주하다, 살다

live 거주하다, 살다

give 주다

He gives him a place to live.
그는 그에게 거주할 장소를 제공한다.

married
a 결혼을 한, 기혼의

married 결혼을 한, 기혼의

Mary Mary(사람 이름)

Larry and Mary are married.
Larry와 Mary는 결혼했다.

Topic 07

Numbers
번호, 숫자

number n 번호, 숫자

<u>number</u> 번호
me<u>mber</u> 구성원

Every member has a number.
모든 구성원들이 번호를 갖고 있다.

zero n 0, 영 a 영의

<u>zero</u> 0, 영
<u>hero</u> 영웅

Our hero got a zero.
우리의 영웅이 0점을 받았다.

one n 1, 하나 a 1의

<u>one</u> 1, 하나
<u>once</u> 한 번, 한때

He once had one girlfriend.
그는 한때 여자친구가 있었다.

two n 2, 둘 a 2의

<u>two</u> 2, 둘
<u>tool</u> 도구

two tools
두 개의 도구

Topic

07

번호, 숫자 Numbers

three n 3, 셋 a 3의

<u>three</u> 3, 셋의
<u>tree</u> 나무

three trees
나무 세 그루

four n 4, 넷 a 4의

<u>four</u> 4, 넷
<u>for</u>k 포크

four forks
포크 네 개

five n 5, 다섯 a 5의

<u>five</u> 5, 다섯
<u>fire</u> 불

five fires
다섯 개의 불

six n 6, 여섯 a 6의

<u>six</u> 6, 여섯
<u>sit</u> 앉다

sit on six seats
6개의 자리에 앉다.

seven n 7, 일곱 a 7의

<u>seven</u> 7, 일곱
<u>eleven</u> 7의

eleven seven
열하나 – 일곱

eight n 8, 여덟 a 8의

eight 8, 여덟
ate 먹었다

ate eight eggs
계란을 8개 먹었다.

nine n 9, 아홉 a 9의

nine 9, 아홉
night 밤

Good-night nine knights.
9명의 기사들이여 안녕히 주무세요.

ten n 10, 열 a 10의

ten 10, 열
tent 텐트

ten tents
열 개의 텐트

eleven
n 11, 열하나 a 11의

eleven 11, 열하나
seven 일곱

eleven seven
열하나 – 일곱

twelve
n 12, 열둘 a 12의

twelve 12, 열둘
twinkle 반짝이는 빛, 반짝거리다

twelve twinkles
12개의 반짝이는 빛

Topic

07

| 번호, 숫자 Numbers |

43

thirteen
n 13, 열셋 **a** 13의

thirteen 13, 열셋
thief 도둑

thirteen thieves
13명의 도둑

fourteen
n 14, 열넷 **a** 14의

fourteen 14, 열넷
Tim Tim(사람 이름)

fourteen flowers for Tim
Tim을 위한 14송이의 꽃

fifteen
n 15, 열다섯 **a** 15의

fifteen 15, 열다섯
finger 손가락

fifteen fingers
15개의 손가락

sixteen
n 16, 열여섯 **a** 16의

sixteen 16, 열여섯
singer 가수

sixteen singers
16명의 가수

seventeen
n 17, 열일곱 **a** 17의

seventeen 17, 열일곱
servant 하인

seventeen servants
17명의 하인

eighteen
n 18, 열여덟 **a** 18의

eighteen 18, 열여덟
egg roll 에그롤(계란말이같이 만든 춘권)

eighteen egg rolls
18개의 에그롤

nineteen
n 19, 열아홉 **a** 19의

nineteen 19, 열아홉
Nile Nile강

nineteen boats on the Nile
Nile강에 있는 19척의 배

twenty
n 20, 스물 **a** 20의

twenty 20, 스물
twin 쌍둥이

twenty twins
20쌍의 쌍둥이

thirty
n 30, 서른 **a** 30의

thirty 30, 서른
dirty 더러운

thirty dirty socks
30개의 더러운 양말

forty
n 40, 마흔 **a** 40의

forty 40, 마흔
fox 여우

forty foxes
40마리의 여우

Topic

07

| 때요, 숫자 Numbers |

fifty n 50, 쉰 a 50의

fifty 50, 쉰
fish 물고기

fifty fish
50마리의 물고기

sixty n 60, 예순 a 60의

sixty 60, 예순
stick 막대기, 나무토막

sixty sticks
60개의 나무토막

seventy
n 70, 일흔 a 70의

seventy 70, 일흔
van 승합차, 밴

seventy vans
70대의 승합차

eighty
n 80, 여든 a 80의

eighty 80, 여든
apple 사과

eighty apples
80개의 사과

ninety
n 90, 아흔 a 90의

ninety 90, 아흔
nice 좋은, 친절한, 멋진

a nice kitty and ninety rats
멋진 고양이와 90마리의 쥐

hundred
n 100, 백 **a** 100의

hundred 100, 백
hungry 배고픈

one hundred hungry hunters
100명의 배고픈 사냥꾼

thousand
n 1,000 천 **a** 천의

thousand 1000, 천
thunder 천둥

a thousand thunder clouds
1,000개의 뇌운

million
n 1,000,000 백만 **a** 100만의

million 1,000,000 백만
lion 사자

This lion is worth a million.
이 사자는 백만(달러)의 가치가 있다.

first **a** 첫(번)째의, 최초의

my first pet
나의 첫 번째 애완동물

second
a 두 번째의, 둘째의

my second house
나의 두 번째 집

Topic

07

| 분야, 숫자 Numbers |

third a 세 번째의, 셋째의

my third transportation
나의 세 번째 이동수단

last a 마지막의, 최후의

last 마지막의
fast 빨리, 빠른

It ran fast for the last catch.
그것은 마지막 잡기를 위해 빠르게 달렸다.

all a 모든, 전체의

all 모든, 전체의
ball 공

All the balls are on the street.
모든 공이 도로 위에 있다.

a few phr 어느 정도, 조금

a few 어느 정도, 조금
new 새, 새로운

I made a few new friends.
나는 몇 명의 새로운 친구들을 사귀었다.

a little phr 약간의, 조금

little 약간의, 조금
bitter 맛이 쓴

This fruit is a little bitter.
이 과일은 약간 맛이 쓰다.

a lot [phr] 많이

lot 많이
hot 매운, 뜨거운

He ate a lot of hot peppers.
그는 매운 고추를 많이 먹었다.

any [a] 어느 것도, 조금도

any 어느 것도, 조금도
many 많은

Many people don't have any cash.
많은 사람들은 현금을 전혀 갖고 있지 않다.

both [a] 둘 다(의)

both 둘 다(의)
bath 욕조

Both bats are in the bath.
두 마리의 박쥐가 욕조 안에 있다.

Topic

07

| 방향, 숫자 Numbers |

less [a] 더 적은

less 더 적은
Bess Bess(사람 이름)
Tess Tess(사람 이름)

Bess catches less fish than Tess.
Bess는 Tess보다 더 적은 물고기를 잡는다.

many [a] 많은

many 많은
any 어느 것도, 조금도

Many people don't have any cash.
많은 사람들은 현금을 전혀 갖고 있지 않다.

49

more a 더 많은 수(의)

<u>more</u> 더 많은 수(의)

<u>s</u>ore 아픈

You have a sore throat. No more ice cream!
당신은 인후염을 앓고 있어요. 더 이상의 아 이스크림은 안 돼요!

some a 조금, 일부의

<u>some</u> 조금, 일부의

<u>s</u>ore 아픈

You have a sore throat. You need some medicine.
당신은 인후염을 앓고 있어요. 당신에겐 약이 필요해요.

much a 많은

<u>much</u> 많은

<u>l</u>unch 점심

He ate too much at lunch.
그는 점심에 너무 많이 먹었다.

several a 몇몇의

s<u>everal</u> 몇몇의

<u>ever</u> 한 번이라도, 언제든

"Have you ever been to Taipei 101?"
"Yes! Several times."
"당신은 Taipei 101에 가본 적이 있습니까?"
"네! 몇 번 가봤습니다."

total a 총, 전체의 n 합계

<u>total</u> 총, 전체의

<u>t</u>ofu 두부

He ordered five tofu dishes in total.
그는 총 5개의 두부요리를 주문했다.

Topic 08

Time
시간

morning ⁿ 아침

morning 아침
more 더(많은)

It needs more honey in the morning.
그것은 아침에 더 많은 꿀이 필요하다.

noon ⁿ 정오, 낮

noon 정오, 낮
moon 달

It is difficult to see the moon at noon.
낮에 달을 보는 것은 어렵다.

afternoon ⁿ 오후

afternoon 오후
after ~뒤에, ~후에

A dog runs after him every afternoon.
개 한 마리가 매일 오후 그를 뒤쫓는다.

Topic

08

| 시간 Time |

evening ⁿ 저녁, 밤

evening 저녁, 밤
even 심지어 ~하기까지

He even plays music in the evening.
그는 심지어 저녁에 음악을 연주한다.

night n 밤

night 밤
light 빛

There is moonlight at night.
밤에는 달빛이 있다.

Monday n 월요일

Monday 월요일
money 돈

He needs some money on Monday.
그는 월요일에 약간의 돈이 필요하다.

Tuesday n 화요일

Tuesday 화요일
tuna 참치

He eats tuna on Tuesday.
그는 화요일에 참치를 먹는다.

Wednesday n 수요일

Wednesday 수요일
wedding 결혼

They had a wedding on Wednesday.
그들은 수요일에 결혼을 했다.

Thursday n 목요일

Thursday 목요일
thirsty 목이 마른

He was thirsty on Thursday.
그는 목요일에 목이 말랐다.

Friday `n` 금요일

Friday 금요일
fried 기름에 튀긴

He makes fried chickens on Friday.
그는 금요일에 프라이드 치킨을 만든다.

Saturday `n` 토요일

Saturday 토요일
sat 앉았다(sit의 과거형)

He sat on that bench on Saturday.
그는 토요일에 저 벤치에 앉았다.

Sunday `n` 일요일

Sunday 일요일
sundae 아이스크림선디

They eat a big sundae on Sunday.
그들은 일요일에 커다란 아이스크림선디를 먹는다.

week `n` 주, 일주일

week 주, 일주일
weak 약한, 힘이 없는

He is weak this week.
그는 이번 주에 힘이 없다.

Topic
08

| 시간 Time |

weekend `n` 주말

weekend 주말
end 끝나다

The rain will end this weekend.
이 비는 이번 주말에 그칠 것이다.

month n 달, 월

month 달, 월
mouth 입

Her mouth was hurt last month.
그녀의 입은 지난달에 다쳤다.

January n 1월

January 1월
Jane Jane(사람 이름)

Jane will visit him in January.
Jane은 1월에 그를 방문할 것이다.

February n 2월

February 2월
ferry 페리

They took the ferry in February.
그들은 2월에 페리호를 탔다.

March n 3월

March 3월
march 가두시위, 가두행진

Mike went to a march in March.
Mike는 3월에 가두시위를 했다.

April n 4월

April 4월
apple 사과

He has too many apples in April.
그는 4월에 아주 많은 사과를 갖는다.

May n 5월

May 5월

may ~일 수도 있다

May may get married in May.

May는 5월에 결혼할 수도 있다.

June n 6월

June 6월

jump 점프하다

June jumped from a bridge in June.

June은 6월에 다리에서 뛰어내렸다.

July n 7월

July 7월

June June(사람 이름)

June lied to Bill in July.

June은 7월에 Bill에게 거짓말했다.

August n 8월

August 8월

guest 손님

All the guests are here in August.

모든 손님들이 8월에 이곳에 온다.

Topic

08

| 시간 Time |

September n 9월

September 9월

temple 절

He saw a new temple in September.

그는 9월에 새로운 절을 보았다.

October n 10월

October 10월
octopus 문어

He fished octopuses in October.
그는 10월에 문어를 잡았다.

November n 11월

November 11월
novel 소설

He wrote a novel in November.
그는 11월에 소설을 썼다.

December n 12월

December 12월
decided 결정했다

He decided to be a Santa in December.
그는 12월에 산타가 되기로 결정했다.

season n 계절

season 계절
seafood 해산물

It is seafood season now.
지금은 해산물 시즌이다.

spring n 봄

spring 봄
ring 반지

He found a ring in spring.
그는 봄에 반지를 찾았다.

summer n 여름

summer 여름

mummy 미라

He saw a mummy this summer.

그는 이번 여름에 미라를 보았다.

autumn n 가을

autumn 가을

turn 변하다

All the leaves turn yellow in autumn.

모든 잎들은 가을에 노란색으로 변한다.

winter n 겨울

winter 겨울

windy 바람이 부는

It is windy in winter.

겨울에는 바람이 분다.

clock n 시계

clock 시계

cock 수탉

A cock is locked in the clock.

수탉이 시계 안에 갇혀 있다.

Topic

08

| 시간 Time |

o'clock ad ~시

o'clock ~시

clock 시계

Oh! It's five o'clock.

오! 5시다.

watch **n** 시계

watch 시계
match 일치하다

These two watches match.
이 두 시계는 일치한다.

a.m **phr** 오전

Her breakfast time is 7:00 a.m.
그녀의 아침 식사시간은 오전 7시이다.

p.m **phr** 오후

It is 6:00 p.m. It is time to go home.
오후 6시이다. 집에 갈 시간이다.

half **n** 절반

half 절반
have 가지다

I have half of the painting.
나는 그 그림의 절반을 가지고 있다.

hour **n** 1시간, 시간

hour 1시간, 시간
our 우리(의)

Our friend will be back in an hour.
우리 친구는 1시간 후에 돌아올 것이다.

minute n 분

minute 분

mini 작은

He rode on that mini bike
for a minute.
그는 잠시 동안 저 작은 자전거를 탔다.

moment
n 순간, 잠깐, 잠시

moment 순간, 잠깐, 잠시

more 더 많은

They need more men at
this moment.
그들은 지금 이 순간 더 많은 남자들이 필요하다.

past prep (시간이) ~지나서

past (시간이) ~지나서

best 최고의

Ten past three is the best
time for eating this cake.
3시 10분은 이 케이크를 먹기에 가장 좋은 시간이
다.

quarter n 4분의 1, 15분

quarter 4분의 1, 15분

art 예술품

This art was stolen at
quarter after one.
이 예술품은 1시 15분에 도난당했다.

Topic

08

| 시간 Time |

second n 초

second 초

insect 벌레, 곤충

He can kill five insects in a
second.
그는 순식간에 벌레 5마리를 죽일 수 있다.

time n 시간

time 시간
tie 묶다

She has no time to tie her shoes.
그녀는 신발 끈을 묶을 시간이 없다.

ago ad (얼마의 시간) 전에

ago (얼마의 시간) 전에
go 가다

Did you go there five minutes ago?
당신은 5분 전에 그곳에 갔었나요?

already ad 이미

already 이미
ready 준비가 된

He is already ready to read.
그는 이미 읽을 준비가 되어 있다.

early a 이른, 초기의

early 이른 초기의
ear 귀

He burned his ear in the early morning.
그는 이른 아침에 그의 귀를 데었다.

late a 늦은

late 늦은
gate 문, 출입구

You are late. The gate has closed.
늦었군요. 문이 닫혔습니다.

later ad 나중에

later 나중에

water 물

We can drink water later.

우리는 물을 나중에 마실 수 있다.

next prep ~의 다음의(에)

next ~의 다음의(에)

nest 둥지

An honest fox is next to a nest.

정직한 여우 한 마리가 둥지 옆에 있다.

now ad 지금

now 지금

snow 눈

They are playing with snow now.

그들은 지금 눈을 갖고 놀고 있다.

once ad 한 번, 한때

once 한 번, 한때

one 하나

He once had one girlfriend.

그는 한때 여자친구가 한 명 있었다.

Topic

08

| 시간 Time |

future n 미래

future 미래

picture 그림 / nature 자연

This picture of nature has a good future.

이 자연의 그림은 멋진 미래를 갖고 있다.

soon `ad` 곧

soon 곧

son 아들

She is going to have a son soon.
그녀는 곧 아들을 낳을 것이다.

today `n` 오늘

today 오늘

date 날짜

What's the date today?
오늘이 며칠인가요?

tonight `ad` 오늘 밤에

tonight 오늘 밤에

knight 기사

The nine knights had nine beers tonight.
9명의 기사들은 오늘 밤 맥주 9잔을 마셨다.

tomorrow `ad` 내일

tomorrow 내일

borrow 빌리다

Can I borrow your car tomorrow?
제가 당신의 차를 내일 빌릴 수 있나요?

year `n` 해, 년

year 해, 년

ear 귀

He burned his ear last year.
그는 작년에 그의 귀를 데었다.

yesterday n ad 어제

yesterday 어제

yes 네

"Were you at home yesterday?" "Yes! I was."
"당신은 어제 집에 있었나요?" "네! 있었습니다."

day n 하루

day 하루

lay 낳다

This hen lays eggs every other day.
이 암탉은 격일로 알을 낳는다.

Topic 09

Check List
1 2 3 4 5

Money
돈

cent n 센트

cent 센트

sent 보냈다

My friend sent me one cent.
내 친구는 나에게 1센트를 보냈다.

change n 거스름돈

change 거스름돈

chance 기회

You have a chance to find some change there.
당신은 그곳에서 약간의 변화를 발견할 기회를 가질 수 있다.

Topic

09

돈 Money

dollar ⁿ 달러

dollar 달러

doll 인형

This doll cost her 1,000 dollars.
그녀는 이 인형을 사는데 1,000달러의 비용
이 들었다.

money ⁿ 돈

money 돈

honey 꿀. 애인

No money! No Honey!
돈이 없으면 애인도 없다!

price ⁿ 가격

price 가격

rice 쌀

The price of the rice is very high.
이 쌀의 가격은 매우 비싸다.

borrow ⱽ 빌리다

borrow 빌리다

tomorrow 내일

Can I borrow your car tomorrow?
제가 당신의 차를 내일 빌릴 수 있나요?

buy ⱽ 사다

buy 사다

guy 남자

This guy buys a kite.
이 남자는 연을 산다.

cost ⓥ (값 · 비용이) ~이다

cost (값 · 비용이) ~이다

lost 잃어버린

The lost pet cost him 1,000 dollars.

그는 잃어버린 애완동물에 1,000달러의 비용이 들었다.

lend ⓥ 빌려주다

lend 빌려주다

land 땅

He lends me the land.

그는 나에게 그 땅을 빌려준다.

pay ⓥ 지불하다

pay 지불하다

ray 광선, 빛

He pays for the x-ray.

그는 엑스레이 값을 지불한다.

spend

ⓥ (돈을) 쓰다, (시간을) 보내다

spend (돈을) 쓰다, (시간을) 보내다

Spain 스페인

He spends one day in Spain.

그는 스페인에서 하루를 보낸다.

cheap ⓐ 싼

cheap 싼

sheep 양

This sheep is cheap.

이 양은 값이 싸다.

Topic

09

| 돈 Money |

65

expensive [a] 비싼

expensive 비싼
pen 펜

This pen is expensive.
이 펜은 비싸다.

Food & Drink
음식 & 음료수

fruit [n] 과일

fruit 과일
suit 정장, 옷

He has many fruit suits.
그는 과일 모양의 옷을 많이 갖고 있다.

apple [n] 사과

apple 사과
April 사월

He has too many apples in April.
그는 4월에 아주 많은 사과를 갖는다.

banana [n] 바나나

banana 바나나
Nana Nana(사람 이름)

Nana hates bananas.
Nana는 바나나를 싫어한다.

grape n 포도

grape 포도
ape 유인원

This ape eats grapes.
이 유인원은 포도를 먹는다.

guava n 구아바

guava 구아바
grave 무덤

She made a grave for a guava.
그녀는 구아바를 위해 무덤을 만들었다.

lemon n 레몬

lemon 레몬
moment 순간, 잠시

He is drinking lemon juice at this moment.
그는 지금 레몬 주스를 마시고 있다.

orange n 오렌지

orange 오렌지
or 또는

Would you like orange juice or apple juice?
오렌지 주스나 사과 주스를 마시겠어요?

papaya n 파파야

papaya 파파야
papa 아빠

Papa loves papayas.
아빠는 파파야를 좋아한다.

음식 & 음료수 Food & Drink

Topic
10

67

peach n 복숭아

<u>pe</u>ach 복숭아
<u>each</u> 각각

Each kid can get a peach.
각각의 아이들은 복숭아를 얻을 수 있다.

pear n 배

<u>pear</u> 배
<u>near</u> 가까운

No one can get near that pear.
아무도 그 배에 가까이 갈 수 없다.

strawberry n 딸기

straw<u>berry</u> 딸기
<u>straw</u> 지푸라기 / <u>**berry**</u> 베리, 산딸기류 열매

I want strawberry, not straw nor berry.
나는 지푸라기나 베리가 아니라 딸기를 원한다.

tomato n 토마토

<u>tomato</u> 토마토
<u>to</u> ~하기를, ~로

Do you like to eat tomato cake?
토마토 케이크 좀 드시겠어요?

watermelon n 수박

<u>water</u>melon 수박
<u>Mel</u> Mel(사람 이름) / <u>water</u> 물 / <u>on</u> ~위에

Mel ate watermelon and drank water.
Mel은 수박을 먹고, 물을 마셨다.

vegetable n 채소

<u>vegetable</u> 채소
<u>table</u> 탁자

There are many vege<u>table</u>s
on the <u>table</u>.
탁자 위에 많은 채소들이 있다.

bean n 콩

<u>bean</u> 콩
<u>mean</u> 의미하다

He lost to a <u>bean</u>? What do
you <u>mean</u>?
그가 콩에게 패했다고요? 그게 무슨 뜻이죠?

lettuce n 상추

<u>lettuce</u> 상추
<u>letter</u> 편지

She sent me a <u>letter</u> and
<u>lettuce</u>.
그녀는 나에게 편지와 상추를 보냈다.

pumpkin n 호박

<u>pumpkin</u> 호박
<u>pump</u> 펌프질하다

They <u>pump</u> a <u>pumpkin</u>
balloon.
그들은 호박 풍선을 펌프질한다.

meat n 고기

<u>meat</u> 고기
<u>eat</u> 먹다

It doesn't like to <u>eat</u> <u>meat</u>.
그것은 고기 먹는 것을 좋아하지 않는다.

음식 & 음료수 Food & Drink

Topic

10

69

beef n 소고기

beef 소고기

beer 맥주

This dog likes to eat beef with beer, too.
이 개도 역시 맥주와 함께 소고기 먹는 것을 좋아한다.

bread n 빵

bread 빵

break 부러뜨리다

He breaks the bread in two.
그는 빵을 두 조각으로 부러뜨린다.

bun n 번빵

bun 번빵

run 달리다

He runs for hot buns.
그는 뜨거운 번빵을 가지려고 달린다.

dumpling n 만두, 덤플링

dumpling 만두, 덤플링

dump 버리다

She dumped our dumplings.
그녀는 우리의 만두를 버렸다.

egg n 알

egg 알

ate 먹었다

He ate eight eggs.
그는 달걀 8개를 먹었다.

fast-food `phr` 패스트푸드

He made an order at a fast-food restaurant.
그는 패스트푸드점에서 주문을 했다.

fish `n` 물고기

fish 물고기
dish 요리, 접시

Fish is his favorite dish.
물고기는 그가 매우 좋아하는 요리이다.

food `n` 음식

food 음식
good 좋은

Coconuts are good food.
코코넛은 좋은 음식이다.

French fries
`phr` 감자튀김

There are many flies on the French fries.
감자튀김에 많은 파리들이 있다.

ham `n` 햄

ham 햄
hamburger 햄버거

He can't find any ham in the hamburger.
그는 햄버거에서 어떠한 햄도 찾을 수가 없다.

음식 & 음료수 Food & Drink

Topic
10

71

hamburger n 햄버거

hamburger 햄버거

ham 햄

He can't find any ham in the hamburger.
그는 햄버거에서 어떠한 햄도 찾을 수가 없다.

hot dog phr 핫도그

hot dog 핫도그

hot 뜨겁다, 맵다

This hot dog is very hot.
이 핫도그는 매우 뜨겁다.

noodle n 국수

noodle 국수

candle 양초

He cooks noodles with a candle.
그는 양초로 국수를 요리한다.

pizza n 피자

pizza 피자

lizard 도마뱀

There is a lizard on your pizza.
당신의 피자 위에 도마뱀이 있다.

pork n 돼지고기

pork 돼지고기

fork 포크

He uses a fork to eat pork.
그는 돼지고기를 먹기 위해 포크를 사용한다.

rice n 쌀

rice 쌀
price 가격

The price of the rice is very high.
쌀 가격이 매우 비싸다.

salad n 샐러드

salad 샐러드
Sarah Sarah(사람 이름)

Sarah hates the salad.
Sarah는 샐러드를 싫어한다.

sandwich n 샌드위치

sandwich 샌드위치
sand 모래

His sandwich fell on the sand.
그의 샌드위치가 모래 위로 떨어졌다.

soup n 수프

soup 수프
group 그룹, 집단

This group made a big bowl of soup.
이 그룹은 큰 그릇의 수프를 만들었다.

spaghetti n 스파게티

spaghetti 스파게티
spa 온천

I like the spa and spaghetti.
나는 온천과 스파게티를 좋아한다.

음식 & 음료수 Food & Drink

Topic
10

steak [n] 스테이크

steak 스테이크

steal 훔치다

This dog wants to steal the steak.
이 개는 그 스테이크를 훔치고 싶어 한다.

꿀이 필요해요.

breakfast [n] 아침식사

breakfast 아침식사

break 깨다, 부수다

It breaks the door for the breakfast.
그것은 아침식사를 위해 문을 부순다.

dinner [n] 저녁식사

dinner 저녁식사

winner 승자

He is the winner of the free dinner.
그가 무료 저녁식사의 승자이다.

lunch [n] 점심식사

lunch 점심식사

much 많은

He ate too much at lunch.
그는 점심에 너무 많이 먹었다.

meal [n] 식사

meal 식사

seal 물개

This seal had a good meal.
이 물개는 맛있는 식사를 했다.

snack ⋯ 간식

snack 간식

snake 뱀

"I'll be back with the snack," said the snake.
"간식을 가지고 돌아올게"라고 뱀이 말했다.

coffee ⋯ 커피

coffee 커피

cola 콜라

He drinks coffee with cola.
그는 콜라와 함께 커피를 마신다.

cola ⋯ 콜라

cola 콜라

coffee 커피

He drinks coffee with cola.
그는 콜라와 함께 커피를 마신다.

drink ⋯ 마시다, 음료

drink 마시다, 음료

ink 잉크

Did he drink the ink?
그가 잉크를 마셨나요?

ice ⋯ 얼음

ice 얼음

eyes 눈

You can see the ice cream in his eyes.
당신은 그의 눈에서 아이스크림을 볼 수 있다.

음식 & 음료수 Food & Drink

Topic

10

juice ⓝ 주스

juice 주스
ice 얼음

She put the juice on the ice.
그녀는 얼음 위에 주스를 놓았다.

milk ⓝ 우유

milk 우유
milkshake 밀크셰이크

You can't get a milkshake by shaking milk.
우유를 흔들어서 밀크셰이크를 만들 수는 없다.

milkshake ⓝ 밀크셰이크

milkshake 밀크셰이크
milk 우유

You can't get a milkshake by shaking milk.
우유를 흔들어서 밀크셰이크를 만들 수는 없다.

tea ⓝ 티

tea 홍차
teacher 선생님

Our teacher likes tea.
우리 선생님은 홍차를 좋아하신다.

water ⓝ 물

water 물
later 나중에

We can drink water later.
우리는 나중에 물을 마실 수 있다.

cake n 케이크

cake 케이크

bake 굽다

He bakes cakes by the lake.

그는 호수 옆에서 케이크를 굽는다.

candy n 사탕과 초콜릿 류

candy 사탕과 초콜릿 류

Andy Andy(사람 이름)

Andy loves candy.

Andy는 사탕을 좋아한다.

cheese n 치즈

cheese 치즈

choose 고르다

It chooses a special cheese.

그것은 특별한 치즈를 고른다.

chocolate n 초콜릿

chocolate 초콜릿

late 늦은

He was late for the chocolate.

그는 초콜릿을 먹기에 늦었다.

cookie n 쿠키

cookie 쿠키

cook 요리사

This cook looks like a cookie.

이 요리사는 쿠키처럼 보인다.

음식 & 음료수 Food & Drink

Topic

10

ice cream `phr` 아이스크림

You can see the ice cream
in his eyes.
당신은 그의 눈에서 아이스크림을 볼 수 있다.

moon cake `phr` 월병

He likes to eat moon cakes
with the moon.
그는 달을 보며 월병 먹는 것을 좋아한다.

pie `n` 파이

pie 파이

die 죽다

A rat died after eating the
pie.
쉬가 그 파이를 먹고 나서 죽었다.

popcorn `n` 팝콘

popcorn 팝콘

corn 옥수수

Everyone loves his corn
and popcorn.
모든 사람들이 그의 옥수수과 팝콘을 좋아
한다.

toast `n` 토스트

toast 토스트

last 마지막의

She wanted to eat the last
toast.
그녀는 마지막 토스트를 먹고 싶어 했다.

butter [n] 버터

butter 버터
butterfly 나비

A butterfly is carrying a piece of butter.
나비가 버터 한 조각을 옮기고 있다.

oil [n] 석유, 기름

oil 석유, 기름
boil 끓(이)다

She boils oil every day.
그녀는 매일 기름을 끓인다.

salt [n] 소금

salt 소금
saw 보았다

I saw him put salt on your cake.
나는 그가 당신의 케이크에 소금을 뿌리는 것을 보았다.

sugar [n] 설탕

sugar 설탕
super 특별히

The sugar is super sweet.
이 설탕은 특별히 달다.

hungry [a] 배고픈

hungry 배고픈
angry 화난

This man is hungry and angry.
이 남자는 배고프고 화가 나 있다.

음식 & 음료수 Food & Drink

Topic

10

79

full ⓐ 가득한

full 가득한
bull 황소

This room is full of bulls.
이 방은 황소로 가득하다.

thirsty ⓐ 목마른

thirsty 목마른
Thursday 목요일

He was thirsty on Thursday.
그는 목요일에 목이 마르다.

delicious ⓐ 아주 맛있는

delicious 아주 맛있는
deliver 배달하다

Someone delivered a delicious cake to us.
누군가가 우리에게 맛있는 케이크를 배달했다.

sweet ⓐ 달콤한

sweet 달콤한
street 거리

He buys sweet candy from the street.
그는 거리에서 달콤한 사탕을 산다.

yummy ⓐ 아주 맛있는

yummy 아주 맛있는
mommy 엄마

Their mommy's cake is not very yummy.
그들 엄마의 케이크는 매우 맛있지는 않다.

bake V 굽다

bake 굽다
cake 케이크

He bakes cakes by the lake.
그는 호수 옆에서 케이크를 굽는다.

boil V 끓(이)다

boil 끓(이)다
oil 기름

She boils oil every day.
그녀는 매일 기름을 끓인다.

burn V 화상을 입히다, 타오르다

burn 타오르다
turn 돌다

She turned and burned his eye.
그녀는 뒤로 돌았고 그의 눈에 화상을 입혔다.

eat V 먹다

eat 먹다
meat 고기

It doesn't like to eat meat.
그것은 고기 먹는 것을 좋아하지 않는다.

order V 주문하다

order 주문하다
older 연상의

You can order it when you are older.
당신은 좀 더 나이가 들면 그것은 주문할 수 있다.

음식 & 음료수 Food & Drink

Topic
10

81

menu n 메뉴

menu 메뉴

men 남자들

These men asked for the menu.
이 남자들은 메뉴를 달라고 했다.

Tableware
식기류

bowl n 그릇

bowl 그릇

owl 부엉이

An owl stands in a bowl.
부엉이 한 마리가 그릇 안에 서있다.

chopsticks n 젓가락

chopsticks 젓가락

chop 자르다 / stick 나무토막

He chops sticks to make chopsticks.
그는 젓가락을 만들기 위해 나무토막을 자른다.

cup n 컵

cup 컵

cute 귀여운

The ice cube in this cup is cute.
이 컵 안에 있는 얼음은 귀엽다.

dish ⓝ 요리, 접시

dish 요리
fish 물고기

Fish is his favorite dish.
물고기는 그가 가장 좋아하는 요리이다.

fork ⓝ 포크

fork 포크
pork 돼지고기

It uses a fork to eat pork.
그것은 돼지고기를 먹기 위해 포크를 사용한다.

glass ⓝ 유리

glass 유리
grass 풀

She puts the grass in a glass.
그녀는 유리 안에 풀을 넣는다.

knife ⓝ 칼

knife 칼
wife 부인

His wife has a good knife.
그의 아내는 좋은 칼을 갖고 있다.

plate ⓝ 접시

plate 접시
ate 먹었다

He ate everything on the plate.
그는 접시에 있는 모든 것을 먹었다.

spoon n 숟가락

spoon 숟가락

soon 곧

She found her spoon soon.
그녀는 곧 숟가락을 찾았다.

straw n 짚, 빨대

straw 짚, 빨대

strawberry 딸기

I want strawberry, not straw nor berry.
나는 짚도 베리도 아닌 딸기를 원한다.

Topic 12

Clothing & Accessories
옷 & 장식류

coat n 외투

coat 외투

goat 염소

A goat took my coat, and jumped on a boat.
염소가 내 코트를 가지고 보트 위로 뛰어올랐다.

dress n 드레스

dress 드레스

waitress 웨이트리스

This waitress wears a dress.
웨이트리스는 드레스를 입고 있다.

jacket 🅝 재킷

jacket 재킷
Jack Jack(사람 이름)

It is Jack's jacket.
이것은 Jack의 재킷이다.

jeans 🅝 바지

jeans 바지
Joan Joan(사람 이름)

Are those Joan's jeans?
저것은 Joan의 바지입니까?

pants 🅝 바지

pants 바지
want 원하다

He doesn't want to wear pants.
그는 바지 입는 것을 원하지 않는다.

shirt 🅝 셔츠

shirt 셔츠
shorts 반바지

We found his shirt and shorts.
우리는 그의 셔츠와 반바지를 찾았다.

T-shirt 🅝 티셔츠

T-shirt T 티셔츠
skirt 치마

We found her T-shirt and skirt.
우리는 그녀의 티셔츠와 치마를 찾았다.

shorts [n] 반바지

shorts 반바지

shirt 셔츠

We found his shirt and shorts.

우리는 그의 셔츠와 반바지를 찾았다.

skirt [n] 치마

skirt 치마

T-shirt T 티셔츠

We found her T-shirt and skirt.

우리는 그녀의 티셔츠와 치마를 찾았다.

sweater [n] 스웨터

sweater 스웨터

waiter 웨이터

This waiter wears a sweater.

이 웨이터는 스웨터를 입고 있다.

uniform [n] 유니폼

uniform 유니폼

unique 독특한

This company's uniform is unique.

이 회사의 유니폼은 독특하다.

vest [n] 조끼

vest 조끼

west 서쪽

His vest is heading west.

그의 조끼는 서쪽을 향하고 있다.

bag n 가방

bag 가방

bug 벌레

There is a big bug on her bag.
그녀의 가방에 큰 벌레가 있다.

belt n 벨트

belt 벨트

felt 느꼈다

I felt good with my belt.
나는 벨트를 하니 기분이 좋았다.

cap n 모자

cap 모자

can ~할 수 있다

Can you help me find my cap?
내 모자 찾는 것을 도와줄 수 있나요?

comb n 빗

comb 빗

climb 오르다

He climbs to comb its hair.
그는 그것의 머리를 빗기 위해 올라간다.

glove n 장갑

glove 장갑

love 사랑

I love gloves.
나는 장갑을 사랑한다.

hat **n** 모자

hat 모자
cat 고양이

A cat sat in a hat.
고양이가 모자 안에 앉았다.

mask **n** 마스크, 가면

mask 마스크, 가면
ask 묻다

The man in the mask is asking for Christine.
가면을 쓴 그 남자는 Christine를 찾고 있다.

pocket **n** 주머니

pocket 주머니
rocket 로켓

There is a rocket in his pocket.
그의 주머니 안에 루켓이 있다.

내 반지!

ring **n** 반지

ring 반지
spring 봄

He found a ring in spring.
그는 봄에 반지를 하나 찾았다.

shoe **n** 신발

shoe 신발
shoot 쏘다, 던지다

She shoots her shoes to the wall.
그녀는 벽에 그녀의 신발을 던진다.

sock n 양말

sock 양말

block 구역, 단지

He left his sock on this block.
그는 이 구역에 그의 양말을 두었다.

tie n 넥타이

tie 넥타이

lie 거짓말하다

She lies about the tie.
그녀는 그 넥타이에 대해 거짓말한다.

umbrella n 우산

umbrella 우산

Bella Bella(사람 이름)

Bella has an umbrella.
Bella는 우산을 갖고 있다.

wallet n 지갑

wallet 지갑

wall 벽

His wallet is inside the wall.
그의 지갑은 벽 안에 있다.

clothes n 옷

clothes 옷

close 문을 닫다

The clothes shop is closed.
옷가게는 문이 닫혔다.

wear ⓥ 입고 있다

<u>wear</u> 입고 있다

<u>weak</u> 약한

He is too weak to wear those clothes.
그는 너무 약해서 저 옷을 입을 수가 없다.

Colors
색깔

나의 검은색은?

black ⓐ 검은

<u>black</u> 검은

<u>lack</u> 부족한, ~이 없다

This panda lacks a black color.
이 판다는 검은색을 띄지 않는다.

blue ⓐ 파란

<u>blue</u> 파란

<u>glue</u> 접착제, 풀

The blue glue is everywhere.
파란색 접착제가 사방에 있다.

BLUE

brown ⓐ 갈색의

<u>brown</u> 갈색의

<u>down</u> 아래로

They rain down brown chocolate.
그들은 갈색 초콜릿을 비처럼 쏟아붓는다.

color ⁿ 색깔

color 색깔
collar 카라, (옷)깃

There are some colors on his collar.
그의 옷깃에는 몇 개의 색깔이 있다.

gray ⓐ 회색의, 회색

gray 회색의
ray 가오리

There are many gray rays.
회색 가오리가 많이 있다.

green ⓐ 녹색의, 녹색

green 녹색
queen 왕비

The queen has a green snake.
여왕은 녹색 뱀 한 마리를 갖고 있다.

pink ⓐ 분홍색의, 분홍색

pink 분홍색
ink 잉크

A kitty is bathing in the pink ink.
새끼 고양이가 분홍색 잉크로 목욕을 하고 있다.

purple ⓐ 보라색의, 자주색

purple 보라색
people 사람들

Two people became purple!
두 사람은 보라색이 되었다!

red ⓐ 빨간색의, 빨간색

red 빨간색의
bed 침대

She sleeps on a red bed.
그녀는 빨간색 침대에서 잔다.

white ⓐ 흰색의, 흰색

white 흰색의
write 쓰다

He writes white words on the wall.
그는 벽에 흰색 글씨를 쓴다.

실력주세요!

yellow ⓐ 노란색의, 노란색

yellow 노란색의
yell 소리 지르다

The man in the yellow river is yelling.
황허 강에 있는 남자는 소리를 지르고 있다.

Topic 14

Sports, Interests & Hobbies
스포츠, 관심사 & 취미

sport ⓝ 스포츠

sport 스포츠
reporter 기자

He is a sports reporter.
그는 스포츠 기자이다.

badminton n 배드민턴

badminton 배드민턴
bad 안 좋은, 나쁜

It is a bad day for playing badminton.
배드민턴 치기에 안 좋은 날이다.

baseball n 야구

baseball 야구
base 근거지, 본거지

This baseball team has a base.
이 야구팀에게는 본거지가 있다.

basketball n 농구

basketball 농구
basket 바구니

They play basketball with a basket.
그들은 바구니로 농구를 한다.

dodge ball n 피구

This dog dodged a dodge ball.
이 개는 피구 공을 피했다.

Frisbee
n 프리스비(던지기를 하고 놀 때 쓰는 플라스틱 원반)

Frisbee 프리스비
bee 벌

This Frisbee killed a bee.
이 프리스비가 벌을 죽였다.

Topic

14

| 스포츠, 관심사 & 취미 Sports, Interests & hobbies |

race ⓝ 경주, 시합

race 경주
ace 에이스 카드

Ace won this race.
카드 에이스가 이 경주에서 이겼다.

soccer ⓝ 축구

soccer 축구
sooner 초기의, 일찍

He should have played soccer sooner.
그는 더 일찍 축구를 했어야 했다.

tennis ⓝ 테니스

tennis 테니스
ten 10, 열

She can play tennis with ten players.
그녀는 열 명의 선수들과 테니스를 칠 수 있다.

barbecue ⓝ 바비큐

barbecue 바비큐
barber 이발사

The barber shop is next to the barbecue.
이발소는 바비큐장 옆에 있다.

camp ⓝ 야영지, 텐트

camp 야영지
lamp 램프

He brought a lamp to the camp.
그는 야영지로 램프를 가져왔다.

climb v 오르다

<u>cl</u>imb 오르다
<u>c</u>o<u>mb</u> 빗질하다

He climbs to comb its hair.
그는 그것의 머리를 빗기 위해 올라간다.

dance v 춤을 추다

<u>dance</u> 춤을 추다
<u>fence</u> 울타리

She dances on the fence.
그녀는 울타리 위에서 춤을 춘다.

draw v 그리다

<u>draw</u> 그리다
<u>claw</u> 발톱

It draws pictures with its claws.
그것은 발톱으로 그림을 그린다.

exercise n 운동

exer<u>cise</u> 운동
de<u>cide</u> 결정하다

He decided to do some exercise.
그는 운동을 조금 하기로 결정했다.

hike v 산을 타다

<u>hike</u> 산을 타다
<u>bike</u> 자전거를 타다

Mike likes to bike and hike.
Mike는 자전거와 산을 타는 것을 좋아한다.

Topic
14

스포츠, 관심사 & 취미 Sports, Interests & hobbies

jog n 조깅

jog 조깅
job 직업

He needs to jog for his job.
그는 직업을 위해 조깅이 필요하다.

picnic n 소풍

picnic 소풍
pig 돼지

These pigs are having a picnic.
이 돼지들은 소풍을 가고 있다.

roller skate n 롤러스케이트

Does Kate like roller-skating?
Kate는 롤러스케이트 타는 것을 좋아하나요?

run v 달리다

run 달리다
fun 재미있는 / sun 태양

It is fun to run under the sun.
태양 아래에서 달리는 것은 재미있다.

sail v 항해하다

sail 항해하다
tail 꼬리

He sailed with a tail.
그는 꼬리를 달고 항해했다.

sing ⱽ 노래하다

sing 노래하다

king 왕

This king sings every night.
이 왕은 매일 밤마다 노래한다.

skate ⱽ 스케이트를 타다

skate 스케이트를 타다

Kate Kate(사람 이름)

Kate loves to skate.
Kate는 스케이트 타는 것을 정말 좋아한다.

Topic

14

| 스포츠, 관심사 & 취미 Sports, Interests & hobbies |

stamp ⁿ 우표

stamp 우표

stand 가판대, 서다

That is a stand for stamps.
지깃은 우표를 파는 가판대이다.

surf ⱽ 서핑을 하다

surf 서핑을 하다

sure 확신하는

Are you sure you can surf?
당신은 정말 서핑을 할 수 있나요?

swim ⱽ 수영하다

swim 수영하다

swing 그네 타다, 흔들다

Billy likes to swim. Jimmy
likes to swing.
Billy는 수영하는 것을 좋아한다. Jimmy는 그
네 타기를 좋아한다.

trip [n] 여행

trip 여행
trap 가두다, 덫으로 잡다

He was trapped in his trip.
그는 그의 여행 중에 갇혔다.

hobby [n] 취미

hobby 취미
lobby 로비

His hobby is dancing in the lobby.
그의 취미는 로비에서 춤을 추는 것이다.

band [n] 밴드

band 밴드
husband 남편

Her husband is in a band.
그녀의 남편은 밴드부에 속해있다.

card [n] 카드

card 카드
car 차

Three rats are playing cards in his car.
세 마리의 쥐가 그의 차에서 카드놀이를 하고 있다.

chess [n] 체스

chess 체스
chest 가슴

He had chest pain while playing chess.
그는 체스를 두는 동안 가슴에 통증이 왔다.

comic n 만화

comic 만화
come 오다

He comes here to read comic books.
그는 만화책을 보기 위해 여기에 온다.

computer game
n 컴퓨터 게임

They come here for computer games.
그들은 컴퓨터 게임을 하기 위해 여기에 온다.

doll n 인형

doll 인형
dollar 달러

This doll cost her 1,000 dollars.
그녀는 이 인형을 사는데 1,000달러의 비용이 들었다.

drum n 드럼

drum 드럼
drug 약

He played drums after he took the drug.
그는 약을 먹은 이후에 드럼을 연주했다.

flute n 플루트

flute 플루트
flu 독감

He has the flu. He can't play the flute.
그는 독감에 걸렸다. 그는 플루트를 연주할 수 없다.

Topic

14

스포츠, 관심사 & 취미 Sports, Interests & hobbies

game n 게임

<u>game</u> 게임
<u>came</u> 왔다

They came here for computer games.
그들은 컴퓨터 게임을 하기 위해 여기에 왔다.

guitar n 기타

<u>guitar</u> 기타
<u>it</u> 그것

Is it a guitar?
그것은 기타인가요?

kite n 연

<u>kite</u> 연
<u>bite</u> 물다

His dog bites his kite.
그의 강아지는 그의 연을 문다.

movie n 영화

<u>movie</u> 영화
<u>move</u> 움직이다

They moved into the movie theater.
그들은 영화관 안으로 움직였다.

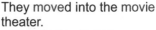

music n 음악

mu<u>sic</u> 음악
<u>sick</u> 아픈

The music makes him sick.
음악은 그를 아프게 한다.

paint [v] 그리다, 페인트를 칠하다

paint 그리다, 페인트를 칠하다

point 점

He painted a point in this painting.

그는 이 그림에 점 하나를 그렸다.

piano [n] 피아노

piano 피아노

no 아닌

There is no one here plays the piano.

여기엔 피아노를 칠 수 있는 사람이 아무도 없다.

song [n] 노래

song 노래

son 아들

She and her son sing many songs.

그녀와 그녀의 아들은 노래를 많이 부른다.

team [n] 팀

team 팀

teenager 십대

Many teenagers are in this team.

많은 십대들이 이 팀에 있다.

toy [n] 장난감

toy 장난감

boy 소년

This boy has a toy.

이 소년은 장난감을 갖고 있다.

Topic

14

| 스포츠, 관심사 & 취미 Sports, Interests & hobbies |

violin n 바이올린

violin 바이올린

violence 폭력

He played the violin to stop the violence.
그는 폭력을 멈추기 위해 바이올린을 켰다.

lose v 잃어버리다

lose 잃어버리다

boss 상사

Did you lose your boss?
당신의 상사를 잃어버렸나요?

play v 놀다, 경기를 하다

play 놀다, 경기를 하다

pray 기도하다

He likes to pray before he plays.
그는 경기를 시작하기 전에 기도하는 것을 좋아한다.

win v 이기다

win 이기다

wine 와인

He wins every wine contest.
그는 모든 와인 대회에서 이긴다.

fan n 팬

fan 팬

an 한, 하나

He is an actor with many fans.
그는 많은 팬들을 거느린 배우이다.

Topic 15

Houses & Apartments
집 & 아파트

apartment n 아파트

apartment 아파트
department store 백화점

His apartment is next to a department store.
그의 아파트는 백화점 옆에 있다.

house n 집

house 집
horse 말

His horse is outside the house.
그의 말은 집 밖에 있다.

Topic

15

집 & 아파트 House&Apartments

home n 집

home 집
come 오다

Billy, come home now!
Billy, 지금 집으로 오세요!

bathroom n 욕실

bathroom 욕실
bath 목욕

They are taking a bath in the bathroom.
그들은 욕실에서 목욕을 하고 있다.

bedroom n 침실

bedroom 침실

bed 침대

There is a bad bed in the bedroom.
침실에 안 좋은 침대가 있다.

dining room n 식당

A chicken died in the dining room.
닭이 식당에서 죽었다.

garden n 정원

garden 정원

guard 경비요원

He is a guard in the garden.
그는 정원 경비요원이다.

kitchen n 부엌

kitchen 부엌

chicken 닭

He has a chicken in the kitchen.
그는 부엌에서 닭을 갖고 있다.

living room n 거실

It lives in the living room.
그것은 거실에서 산다.

room n 방

room 방
roof 지붕

He is on the roof of his room.
그는 방의 지붕 위에 있다.

yard n 마당

yard 마당
hard 열심히

He works hard in the yard.
그는 마당에서 열심히 일한다.

balcony n 발코니

balcony 발코니
ball 공

She throws a ball from the balcony.
그녀는 발코니에서 공을 던진다.

door n 문

door 문
pool 수영장

There is a pool by the door.
문 옆에 수영장이 있다.

floor n 바닥

floor 바닥
poor 불쌍한

A poor kid is lying on the floor.
불쌍한 아이가 바닥에 누워있다.

gate **n** 문

gate 문
late 늦다

You are late. The gate has closed.
늦었군요. 문이 닫혔어요.

stair **n** 계단

stair 계단
chair 의자

He uses chairs as stairs.
그는 의자를 계단으로 사용한다.

wall **n** 담

wall 담
tall 높은

This wall is too tall.
이 담은 너무 높다

window **n** 창문

window 창문
wind 바람

The wind blew away her window.
바람이 불어 그녀의 창문이 날아가 버렸다.

bath **n** 목욕

bath 목욕
bathroom 욕실

They are taking a bath in the bathroom.
그들은 욕실에서 목욕을 하고 있다.

bed n 침대

bed 침대
bad 안 좋은

This bed is bad.
이 침대는 안 좋다.

bench n 벤치

bench 벤치
beach 해변

He stands on a bench at the beach.
그는 바닷가에 있는 벤치 위에 서있다.

chair n 의자

chair 의자
stair 계단

He uses chairs as stairs.
그는 의자를 계단으로 사용한다.

coach
↓

couch n 긴 의자

couch 긴 의자
touch 건들이다, 만지다

Don't touch coach's couch.
코치의 소파를 건들지 마세요.

desk n 책상

desk 책상
mask 가면

There is a mask on the desk.
책상 위에 가면이 있다.

drawer n 서랍

drawer 서랍
draw 끌다

She is drawing a drawer.
그녀는 서랍을 끌고 있다.

lamp n 램프

lamp 램프
camp 야영지, 텐트

He brought a lamp to the camp.
그는 야영지로 램프를 가져왔다.

light n 빛

light 빛
night 밤

There is moonlight at night.
밤에는 달빛이 있나.

sofa n 소파

sofa 소파
soft 푹신한

This sofa is soft.
이 소파는 푹신하다.

table n 식탁

table 식탁
able ～할 수 있는

He is able to fall asleep on this table.
그는 이 식탁에서 잠이 들 수 있다.

tub **n** 욕조

tub 욕조

pub 술집

There are many tubs in this pub.

이 술집에는 많은 욕조가 있다.

blanket **n** 담요

blanket 담요

blank 빈

It wrote on this blank blanket.

그것은 이 빈 담요에 글씨를 적었다.

Topic

15

집 & 아파트 House&Apartments

towel **n** 수건

towel 수건

tower 탑

There is a huge towel on the Eiffel tower.

에펠탑 위에 큰 수건이 있다.

camera **n** 카메라

camera 카메라

came 왔다

She came with a camera for shooting camel.

그녀는 낙타를 찍기 위해 카메라를 가지고 왔다.

computer **n** 컴퓨터

computer 컴퓨터

come 오다

They come here for computer games.

그들은 컴퓨터 게임을 하기 위해 여기로 온다.

fan n 선풍기

fan 선풍기
can ~할 수 있다

Can you turn on the fan?
선풍기를 틀어줄 수 있나요?

machine n 기계

machine 기계
Big Mac 빅맥

This machine can make
Big Macs.
이 기계는 빅맥을 만들 수 있다.

radio n 라디오

radio 라디오
video 비디오

This store sells radios and
videos.
이 상점은 라디오와 비디오를 판다.

refrigerator n 냉장고

refrigerator 냉장고
refresh 상쾌하게 하다

The refrigerator can always
refresh him.
냉장고는 항상 그를 상쾌하게 할 수 있다.

tape n (녹음 · 녹화) 테이프

tape (녹음 · 녹화) 테이프
ape 유인원

This ape can use the tape
recorder.
이 유인원은 녹음기를 사용할 수 있다.

tape recorder

ⁿ 녹음기, 테이프 리코더

This ape can use the tape recorder.

이 유인원은 녹음기를 사용할 수 있다.

telephone ⁿ 전화기

telephone 전화기

television 텔레비전

She threw the telephone at the television.

그녀는 전화기를 텔레비전을 향해 던졌다.

television ⁿ 텔레비전

television 텔레비전

telephone 전화기

She threw the telephone at the television.

그녀는 전화기를 텔레비전을 향해 던졌다.

Topic

15

집 & 아파트 House&Apartments

video ⁿ 비디오

video 비디오

radio 라디오

This store sells radios and videos.

이 상점은 라디오와 비디오를 판다.

basket ⁿ 바구니

basket 바구니

basketball 농구

They play basketball with a basket.

그들은 바구니로 농구를 한다.

candle n 양초

can<u>dle</u> 양초

noo<u>dle</u> 국수

He cooks noodles with a candle.
그는 양초로 국수를 요리한다.

key n 열쇠

<u>key</u> 열쇠

tur<u>key</u> 칠면조

My turkey has the key of the house.
내 칠면조는 집 열쇠를 가지고 있다.

mat n 매트

m<u>at</u> 매트

h<u>at</u> 모자

There is a hat on the mat.
매드 위에 모자가 있다.

pot n 냄비

p<u>ot</u> 냄비

h<u>ot</u> 뜨거운

They love hot pot.
그들은 뜨거운 냄비를 매우 좋아한다.

build v 짓다

bu<u>ild</u> 짓다

ch<u>ild</u> 아이

This child is building a dog house.
이 아이는 개집을 짓고 있다.

fix ⓥ 고치다, 수리하다

fix 고치다, 수리하다

six 여섯의

He can fix this car before six.

그는 6시 전에 이 차를 고칠 수 있다.

wash ⓥ 씻다, 세탁하다

wash 씻다, 세탁하다

cash 돈

The washing machine washed her cash.

세탁기가 그녀의 돈을 세탁했다.

road ⓝ 도로

road 도로

roar 으르렁거리다

They roar on the road.

그들은 도로 위에서 으르렁거린다.

Topic

15

| 집 & 아파트 House&Apartments |

street ⓝ 거리

street 거리

sweet 달콤한

He buys sweet candy from the street.

그는 거리에서 달콤한 사탕을 산다.

 Tip

- Cancer 게자리
- Leo 사자자리
- Virgo 처녀자리
- Libra 천칭자리
- Scorpio 전갈자리
- Sagittarius 궁수자리

School
학교

school n 학교

s<u>chool</u> 학교
<u>cool</u> 멋진

This school is cool.
이 학교는 멋지다.

elementary school
n 초등학교

He goes to elementary school.
그는 초등학교에 간다.

junior high school
n 중학교

He learns science at a junior high school.
그는 중학교에서 과학을 배운다.

senior high school
n 고등학교

He goes to a senior high school.
그는 고등학교에 다닌다.

classroom n 교실

classroom 교실

class 수업

There is a music class in this classroom.
이 교실에서 음악 수업이 있다.

gym n 체육관

gym 체육관

gum 씹는 캔디, 껌

There are gums in the gym.
체육관에 껌이 있다.

playground n 놀이터

playground 놀이터

play 놀다

Some kids are playing at the playground.
몇몇 어린이들이 놀이터에서 놀고 있다.

Topic

16

| 학교 School |

library n 도서관

library 도서관

Mary Mary(사람 이름)

Mary and Larry are in the library.
Mary와 Larry는 도서관에 있다.

class n 수업

class 수업

classroom 교실

There is a music class in this classroom.
이 교실에서 음악 수업이 있다.

seesaw n 시소

seesaw 시소
see 보다 / saw 보았다(과거형)

Two kids play the seesaw.
두 아이들이 시소를 타고 있다.

slide
n 미끄러지다, 미끄럼틀

slide 미끄러지다, 미끄럼틀
like 좋아하다

Everybody likes slide.
모두가 미끄럼틀을 좋아한다.

blackboard n 칠판

blackboard 칠판
black 검은색

He sails on a blackboard with a black bird.
그는 검은 새와 함께 칠판을 타고 항해한다.

book n 책

book 책
bookstore 서점

He buys a book at the bookstore.
그는 서점에서 책을 산다.

chalk n 분필

chalk 분필
choke 숨이 막히다

He was choked by a chalk.
그는 분필로 인해 숨이 막혔다.

dictionary ⁿ 사전

dictionary 사전
stationery 문구류

It has a dictionary and some stationery.
그것은 사전과 몇 개의 문구류를 갖고 있다.

envelope ⁿ 봉투

envelope 봉투
develop 개발하다

An envelope for e-mail has been developed.
이메일을 위한 봉투가 개발되었다.

eraser ⁿ 지우개

eraser 지우개
as ~할 때, ~하는 동안에

You can find an eraser as you open it.
당신이 그것을 열면 지우개를 발견할 수 있다.

Topic
16

학교 School

glue ⁿ 접착제, 풀

glue 접착제, 풀
blue 파란

The blue glue is everywhere.
파란색 접착제가 사방에 있다.

letter ⁿ 편지

letter 편지
lettuce 상추

She sent me a letter and a lettuce.
그녀는 나에게 편지와 상추를 보냈다.

map　n 지도

map 지도
man 남자

That man clapped on a map.
저 남자는 지도를 폈다.

say　v 말하다

say 말하다
way 길, 방법

Mark always says "No way!"
Mark는 항상 "통행금지(길이 없다)"라고 말한다.

marker　n 표시, 표지

marker 표시, 표지
Mark Mark(사람 이름)

Mark wears a marker.
Mark는 표시물을 착용하고 있다.

notebook　n 노트북

notebook 노트북
note 노트

He wrote a note on his notebook.
그는 그의 공책에 메모를 썼다.

page　n 페이지, 장

page 페이지, 장
cage 우리

There are some pages flew into the cage.
우리 안으로 몇 장의 종이가 날아갔다.

paper n 종이

paper 종이

pepper 후추

She put some pepper on the paper.
그녀는 종이에 약간의 후추를 뿌렸다.

pen n 펜

pen 펜

expensive 비싼

This pen is expensive.
이 펜은 비싸다.

pencil n 연필

pencil 연필

pencil box 필통

There are pencils in the pencil box.
필통 안에 연필이 있다.

Topic

16

학교 School

pencil box n 필통

There are pencils in the pencil box.
필통 안에 연필이 있다.

picture n 그림

picture 그림

future 미래

This picture has a good future.
이 그림은 멋진 미래를 갖고 있다.

119

postcard n 그림엽서

postcard 그림엽서

credit card 신용카드

He bought a postcard with a credit card.
그는 신용카드로 그림엽서를 샀다.

present n 선물

present 선물

parent 부모

He gave his parents a present.
그는 그의 부모님에게 선물을 드렸다.

ruler n 자

ruler 자

runner 달리기 선수

Every runner gets a ruler.
모든 주자들은 자를 갖고 있다.

workbook
n 연습장, 워크북

workbook 워크북

work 일, 일하다

He needs the workbook at work.
그는 작업 시 워크북이 필요하다.

course n 강좌, 강의

course 강좌

hour 시간

This is a two-hour course.
이것은 두 시간짜리 강좌이다.

art ⁿ 예술, 미술

art 예술

are ～이다

Are these arts?
이것들은 예술품인가요?

history ⁿ 역사

history 역사

story 이야기

This history teacher likes to tell stories.
역사 선생님은 이야기 들려주는 것을 좋아한다.

language ⁿ 언어

language 언어

sausage 소세지

소세지
sausage
salchicha
saucisse

Do you know "sausage" in other languages?
당신은 다른 언어로 "소시지"가 무엇인지 아나요?

math ⁿ 수학

math 수학

bath 목욕

He likes to do math when he is taking a bath.
그는 목욕 할 때 수학을 하는 것을 좋아한다.

PE ⁿ 체육

PE 체육

Peter Peter(사람 이름)

Peter is a PE teacher.
Peter는 체육 선생님이다.

science n 과학

science 과학

patience 인내

Studying in science needs patience.
과학을 공부하는 것은 인내가 필요하다.

cheerleader
n 치어리더
(운동 경기장에서, 음악에 맞춰 율동을 하며 특정 팀을 응원하고 관중의 응원을 이끄는 사람)

She is a cheerleader.
그녀는 치어리더이다.

class leader n 반장

She is a cheerleader and the class leader.
그녀는 치어리더와 반장이다.

classmate n 반 친구

classmate 반 친구

class 교실

I have only one classmate in the class.
나는 반에서 오직 한 명의 친구만 있다.

friend n 친구

friend 친구

friendly 친근한, 다정한

My friend and his dog are friendly.
내 친구와 그의 강아지는 친하다.

student n 학생

student 학생
dentist 치과의사

This dentist was a good student.
이 치과의사는 좋은 학생이었다.

teacher n 교사

teacher 교사
tea 홍차

Our teacher loves tea.
우리 선생님은 홍차를 사랑한다.

answer n 대답

answer 대답
an 하나의

The waiter gave them an answer.
이 웨이터는 그들에게 대답을 했다.

ask n 묻다

ask 묻다
mask 마스크

The man in the mask is asking for Christine.
가면 쓴 남자가 Christine을 찾고 있다.

learn v 배우다

learn 배우다
earn 벌다

He learns to earn money.
그는 돈 버는 것을 배운다.

Topic

16

학교 School

123

listen ▼ 듣다

listen 듣다

lesson 수업, 교훈

No one listens to this lesson.
아무도 이 수업을 듣지 않는다.

$11 \times 2 = 22$

나만의 표시으로 표시하자!

mark ▼ 표시하다

mark 표시하다

marker 마커(펜), 표시물

He marked this question with a marker.
그는 마커로 이 문제를 표시했다.

드디어
0점이 아니야

30

pass ▼ 통과하다

pass 통과하다

Pat Pat(사람 이름)

Pat didn't pass the test.
Pat은 시험에 통과하지 못했다.

일하자, 일!

practice ▼ 연습하다, 실천하다

practice 연습하다

office 사무실

He practices his skills in the office.
그는 사무실에서 그의 기술을 연습한다.

read ▼ 읽다

read 읽다

ready 준비된

He is ready to read.
그는 읽을 준비가 되어 있다.

repeat 🆅 반복하다

repeat 반복하다

at ~에

Look at me and repeat after me.

나를 보고 따라하세요.

speak 🆅 이야기하다

speak 이야기하다

special 특별한

They speak a special language.

그들은 특별한 언어로 이야기한다.

spell
🅝 철자를 쓰다(말하다)

spell 철자를 쓰다(말하다)

sell 팔다

Do you know how to spell "sell"?

"Sell"의 철자를 어떻게 쓰는지 아세요?

study 🆅 공부하다

study 공부하다

student 학생

He is a good student. He always studies.

그는 좋은 학생이다. 항상 공부를 한다.

talk 🆅 말하다

talk 말하다

walk 걷다

He couldn't walk nor talk.

그는 걸을 수도 말할 수도 없었다.

teach ⓥ 가르치다

teach
beach 바다

He teaches lessons at the beach.
그는 바다에서 수업을 가르친다.

understand ⓥ 이해하다

understand 이해하다
under ~아래에 / stand 서다

No one understands why he stands under the tree.
아무도 그가 왜 나무 밑에 서 있는지 이해하지 못한다.

write ⓥ 쓰다

write 쓰다
white 흰색, 하얀

He writes white words on the wall.
그는 벽에 흰색 글씨를 쓴다.

example ⓝ 예시

example 예시
simple 단순한

This is a simple example.
이것은 단순한 예시이다.

grade ⓝ 등급

grade 등급
trade 거래

This boy learned to trade at first grade.
이 소년은 1학년 때 거래하는 것을 배웠다.

homework n 숙제

homework 숙제

home 집

He was at home doing his homework.
그는 숙제를 하면서 집에 있었다.

knowledge n 지식

knowledge 지식

know 알다

I know a bird of knowledge.
나는 지식이 많은 새를 안다.

lesson n 수업

lesson 수업

listen 듣다

No one listens to this lesson.
아무도 이 수업을 듣지 않는다.

Topic

16

| 학교 School |

problem n 문제

problem 문제

probably 아마

It is probably a big problem.
그것은 아마 큰 문제일 것이다.

question n 질문

question 질문

station 역

He asked him a question at the gas station.
그는 주유소에서 그에게 질문을 했다.

quiz n 퀴즈

quiz 퀴즈
quit 그만두다

He quit taking the quiz.
그는 퀴즈 푸는 것을 중단했다.

story n 이야기

story 이야기
history 역사

This history teacher likes to tell stories.
이 역사 선생님은 이야기 들려주는 것을 좋아한다.

test n 시험

test 시험
best 최고의

This is the best score of his tests.
이것이 그의 시험 성적 중 최고 점수이다.

Topic 17

Check List
1 ☐ 2 ☐ 3 ☐ 4 ☐ 5 ☐

Places & Locations
장소 & 위치

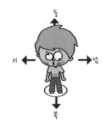

here ad 여기에

here 여기에
he 그

He is here.
그는 여기에 있다.

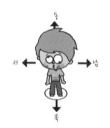

middle n 중앙

He stands in the middle.
그는 중앙에 서있다.

there ad 거기에

His car is over there.
그의 자동차는 저기에 있다.

left n 왼쪽

His son is on his left.
그의 아들은 그의 왼쪽에 있다.

Topic

17

정소 & 위치 Place & Location

right n 오른쪽

His dog is on his right.
그의 강아지는 그의 오른쪽에 있다.

back n 뒤

His daughter is in the back.
그의 딸은 그의 뒤에 있다.

front ad 앞

The policeman is in front of him.

그 경찰은 그의 앞쪽에 있다.

east n 동쪽

His wife is on the east.

그의 아내는 동쪽에 있다.

west n 서쪽

His grandmother is on the west.

그의 할머니는 서쪽에 있다.

south n 남쪽

His boss is on the south.

그의 상사는 남쪽에 있다.

north n 북쪽

His mother is on the north.

그의 어머니는 북쪽에 있다.

top ⓝ 맨 위, 꼭대기

A dark cloud is on the top of his head.
먹구름이 그의 머리 위에 있다.

bakery ⓝ 빵집

bakery 빵집
bake (빵을)굽다

This bakery always bakes at 5:00 a.m.
이 빵집은 항상 새벽 5시에 빵을 굽는다.

bank ⓝ 은행

bank 은행
tank 탱크

There is a tank next to a bank.
은행 옆에 탱크가 있다.

bookstore ⓝ 서점

bookstore 서점
book 책

He buys a book at the bookstore.
그는 서점에서 책을 산다.

Topic

17

장소 & 위치 Place & Location |

church ⓝ 교회

church 교회
search 찾다

He searches a church.
그는 교회를 찾는다.

department store
phr 백화점

His apartment is next to a department store.
그의 아파트는 백화점 옆에 있다.

factory **n 공장**

factory 공장
fact 실상

No one knows the fact of this factory.
아무도 이 공장의 실상을 모른다.

fast-food restaurant
phr 패스트푸드점

He made an order at a fast-food restaurant.
그는 패스트푸드점에서 주문을 했다.

fire station **phr 소방서**

This fire station is on fire.
소방서가 불타고 있다.

flower shop **phr 꽃가게**

He is shopping at a flower shop.
그는 꽃가게에서 쇼핑하고 있다.

hospital ⓝ 병원

hospital 병원
hop 깡충깡충 뛰다

She hops to the hospital.
그녀는 병원으로 깡충깡충 뛰어간다.

hotel ⓝ 호텔

hotel 호텔
hot 뜨거운, 더운

This hotel is hot.
이 호텔은 덥다.

market ⓝ 시장

market 시장
basket 바구니

He sells baskets in the market.
그는 시장에서 바구니를 판다.

movie theater
phr 영화관

They moved into the movie theater.
그들은 영화관으로 이동했다.

museum ⓝ 박물관

museum 박물관
music 음악

They play music next to the museum.
그들은 박물관 옆에서 음악을 연주한다.

Topic

17

장소 & 위치 Place & Location

office 🅝 사무실

office 사무실
practice 연습하다

He practices his skills in the office.
그는 사무실에서 기술을 익힌다.

park 🅝 공원

park 공원
dark 어두운

This park is dark.
이 공원은 어둡다.

post office phr 우체국

The postman runs to the post office every day.
이 우체부는 매일 우체국으로 달려간다.

police station
phr 경찰서

Please take me to the police station.
제발 저를 경찰서로 데려다 주세요.

rest room phr 화장실

rest room 화장실
rest 휴식을 취하다

He often takes a rest at the rest room.
그는 종종 화장실에서 휴식을 취한다.

restaurant n 레스토랑

restaurant 레스토랑

rest 휴식을 취하다

He takes a rest at the restaurant too.

그는 레스토랑에서도 휴식을 취한다.

shop n 가게

shop 가게

ship 배

He owns a shop on a ship.

그는 배 위에 있는 가게를 소유하고 있다.

store n 상점

store 상점

story 이야기

There is a story about this store.

이 상점에 대한 이야기가 있다.

supermarket n 슈퍼마켓

supermarket 슈퍼마켓

superman 슈퍼맨

I saw a superman in this supermarket.

나는 이 슈퍼마켓에서 슈퍼맨을 보았다.

Topic

17

| 장소 & 위치 Place & Location |

temple n 절

temple 절

September 9월

He saw a new temple in September.

그는 9월에 새로운 절을 보았다.

theater 🔲 극장

theater 극장

eater ~을 먹는 사람

This theater is playing "Man Eater" now.
이 극장에서는 지금 "Man Eater(식인종)"를 상영하고 있다.

zoo 🔲 동물원

zoo 동물원

too ~도, 또한

We went to the zoo, too.
우리는 또한 동물원에도 갔다.

city 🔲 도시

city 도시

kitty 새끼 고양이

They found a kitty in this city.
그들은 이 도시에서 새끼 고양이를 찾았다.

farm 🔲 농장

farm 농장

arm 팔

He has strong arms for working at a farm.
그에게는 농장에서 일하기에 튼튼한 팔이 있다.

place 🔲 곳, 장소

place 곳

face 얼굴

You can see his face in many places.
당신은 많은 곳에서 그의 얼굴을 볼 수 있다.

town n 마을

town 마을
own 소유하다

He owns a shop in this town.
그는 이 마을에 가게를 가지고 있다.

Topic 18

Transportation
교통수단

airplane n 비행기

airplane 비행기
air 공기

His airplane is in the air already.
그의 비행기는 이미 하늘에 떠 있다.

bicycle n 자전거

bicycle 자전거
circle 원

He made the circles by bicycle.
그는 자전거로 원을 만들었다.

Topic

18

교통수단 Transportation |

boat n 배

boat 배
goat 염소

A goat took my coat, and jumped on a boat.
염소가 내 코트를 가져가서 배로 뛰어올랐다.

bus [n] 버스

bus 버스
busy 바쁜

This bus driver is busy.
이 버스 기사는 바쁘다.

car [n] 자동차

car 자동차
cards 카드

Three rats are playing cards in his car.
쥐 세 마리가 그의 차 안에서 카드게임을 하고 있다.

motorcycle [n] 오토바이

motorcycle 오토바이
recycle 재활용

His motorcycle is in the recycling center.
그의 오토바이는 재활용센터에 있다.

scooter [n] 스쿠터

scooter 스쿠터
shooter 슈터(슛을 하는 선수)

The shooter rides a scooter.
그 슈터는 스쿠터를 탄다.

ship [n] 배

ship 배
shop 가게

He owns a shop on a ship.
그는 배 위에 있는 가게를 소유하고 있다.

taxi n 택시

taxi 택시

tax 세금

He takes taxi to pay the tax.

그는 세금을 내기 위해 택시를 탄다.

train n 기차

train 기차

train station 기차역

He waits for the train at the train station.

그는 기차역에서 기차를 기다린다.

truck n 트럭

truck 트럭

duck 오리

There is a duck on the truck.

트럭 위에 오리가 있다.

airport n 공항

airport 공항

airplane 비행기

The airplane took off from the airport.

비행기가 공항에서 이륙했다.

Topic

18

교통수단 Transportation

bus stop
n 버스정류소

The bus didn't stop at the bus stop.

버스가 버스정류소에서 멈추지 않았다.

station n 역

station 역
stay 머무르다

He stayed at the train station for two days.
그는 기차역에서 2일 동안 머물렀다.

train station n 기차역

He waits for the train at the train station.
그는 기차역에서 기차를 기다린다.

block n 구역, 단지

block 구역
sock 양말

He left his sock on this block.
그는 이 구역에 그의 양말을 두고 갔다.

bridge n 다리

bridge 다리
bride 신부

Two brides are running on the bridge.
2명의 신부들이 다리 위에서 달리고 있다.

MRT(Mass Rapid Transit) n 대량 수송 교통 기관

We met right there at the MRT.
우리는 MRT 바로 거기서 만났다.

railway n 철로

railway 철로
mailman 우편배달부

This mailman dropped his mails on the railway.
우편배달부가 철로 위에 그의 우편들을 떨어뜨렸다.

sidewalk n 인도

sidewalk 인도
side ~쪽

He hides at the right side of the sidewalk.
그는 인도의 오른쪽에 숨어있다.

traffic n 교통

traffic 교통
difficult 어려운

This traffic is very difficult to cross.
이 교통량은 횡단하기가 매우 어렵다.

arrive v 도착하다

arrive 도착하다
drive (차를) 운전하다

He drives, so he will arrive soon.
그는 차로 운전을 하므로 곧 도착할 것이다.

Topic

18

cross v 건너다

cross 건너다
boss 상사

You can cross the street and find our boss.
당신은 길을 건너가서 우리의 상사를 찾을 수 있다.

교통수단 Transportation

drive
v (차를) 운전하다

drive (차를) 운전하다
ar**rive** 도착하다

He drives, so he will arrive soon.
그는 차를 운전하므로 곧 도착할 것이다.

fly **v 날다**

fly 날다
fly 파리

A fly is flying.
파리가 날고 있다.

ride **v 타다, 몰다**

ride 타다, 몰다
side ~쪽

Please ride on the other side.
반대쪽으로 타시기 바랍니다.

turn **v 돌(리)다**

turn 돌(리)다
burn 태우다, 타오르다

She turned and burned his eye.
그녀가 뒤로 돌면서 그의 눈에 화상을 입혔다.

fast **ad 빠른**

fast 빠른
last 마지막의

It ran fast for the last catch.
그것은 마지막 잡기를 위해 빠르게 달렸다.

quick ad 빠른

quick 빠른
kick 차다

He can kick so quick.
그는 아주 빠르게 찰 수 있다.

slow ad 느린

slow 느린
blow 불다

It blows the balloon very slow.
그것은 풍선을 매우 느리게 분다.

Topic 19

Sizes & Measurements
크기 & 치수

크기 & 치수 Size & Measurements

centimeter n 센티미터

centimeter 센티미터
center 센터, 중심

How many centimeters long is that center?
저 중심은 길이가 몇 센티미터입니까?

Topic

19

gram n 그램

gram 그램
program 프로그램

He lost five grams in this program.
그는 이 프로그램으로 5그램을 감량했다.

kilogram n 킬로그램

kilogram 킬로그램
program 프로그램

She lost ten kilograms in
this program.
그녀는 이 프로그램으로 10킬로그램을 감량했다.

inch n 인치

inch 인치
itch 가렵다

I have an itch at an inch
below my nose.
나는 코 밑 1인치가 가렵다.

mile n 마일

mile 마일
smile 미소

You can see his smile from
a mile away.
당신은 그의 미소를 1마일 떨어진 곳에서 볼
수 있다.

pound n 파운드

pound 파운드
found 찾았다

He found a pound of coins
in his yard.
그는 마당에서 동전 1파운드를 찾았다.

circle n 원

circle 원
bicycle 자전거

He made the circles by
bicycle.
그는 자전거로 원을 만들었다.

dot n 점

dot 점
not 아니다

It is not just a dot. It is sand.
그것은 단지 점이 아니다. 그것은 모래이다.

line n 선

line 선
airline 항공사

They work for Three Lines Airlines.
그들은 Three Lines 항공사에서 일한다.

point n 점

point 점
paint 페인트를 칠하다

He painted a point in his painting.
그는 그림에 점 하나를 그렸다.

row n 줄

row 줄
grow 기르다

He grows two rows of beans.
그는 두 줄의 콩을 기른다.

shape n 모습

shape 모습
ape 유인원

This ape works hard for keeping her shape.
이 유인원은 몸매를 유지하기 위해 열심히 일한다.

크기 & 치수 Size & Measurements

Topic
19

square n 광장, 정사각형

square 광장
are ~이다

Are you at the square?
당신은 광장 안에 있나요?

big a 큰

big 큰
dig 파다

He is digging a big hole for his pig.
그는 그의 돼지를 위해 큰 구멍을 파고 있다.

far a 먼

far 먼
are ~이다

They are far apart.
그들은 멀리 떨어져 있다.

high a 높은

high 높은
hi 안녕

"Hi," he said from a high building.
"안녕"이라고 그가 높은 빌딩에서 말했다.

large a 큰

large 큰
garage 차고

This garage is large.
이 차고는 크다.

little a 조금

little 조금

bitter 쓰다

This fruit is a little bitter.

이 과일은 조금 쓰다.

long a 긴

long 긴

belong (~에) 속하다, (~의) 소유물이다

This long truck belongs to her.

이 긴 트럭은 그녀의 소유물이다.

low a 낮은

low 낮은

cow 소

The wall is too low for cows.

그 벽은 소들에게 너무 낮다.

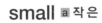

medium a 중간의

medium 중간의

men 남자들

These men are of medium size.

이 남자들은 중간 크기이다.

small a 작은

small 작은

smell 냄새

It is small but it smells badly.

그것은 작지만 아주 심하게 냄새가 난다.

| 크기 & 치수 Size & Measurements |

Topic

 19

147

straight ⓐ 곧은, 똑바른

straight 곧은, 똑바른

strength 힘

You need strength to walk straight.
당신은 똑바로 걸을 수 있는 힘이 필요하다.

round ⓐ 둥근

round 둥근

around 주변의

He runs around the round building.
그는 둥근 빌딩 주변을 달린다.

bottle ⓝ 병

bottle 병

battle 전투

He needs a milk bottle for the battle.
그는 전투를 위해 우유병이 필요하다.

dozen
ⓝ 12개짜리 한 묶음

dozen 12개짜리 한 묶음

doesn't ~않다

He doesn't have a dozen eggs.
그는 계란 12개를 갖고 있지 않다.

package ⓝ 소포

package 소포

pack 싸다

He is packing a package.
그는 소포를 싸고 있다.

pair `n` 한 쌍(켤레)

pair 한 쌍(켤레)

air 공기

A pair of shoes is flying in the air.

신발 한 켤레가 공중에서 날고 있다.

size `n` 크기

size 크기

mice 쥐

The sizes of these two mice are large.

이 두 마리 쥐의 크기는 대형이다.

Topic 20

Check List

1 ☐ 2 ☐ 3 ☐ 4 ☐ 5 ☐

Countries & Areas
나라 & 지역

country `n` 나라, 국가

country 나라, 국가

count 세다

He comes to this country to count sheep.

그는 양을 세기 위해 이 나라로 온다.

world `n` 세계

world 세계

word 단어

Words travel around the world.

말은 전 세계를 돌아다닌다.

| 나라 & 지역 Countries & Area |

Topic

20

America 🄝 미국

America 미국
am ~이다 / Eric Eric(사람 이름)

I am Eric. I come from America.
나는 Eric이다. 미국에서 왔다.

China 🄝 중국

China 중국
child 아이

This child is from China.
이 아이는 중국에서 왔다.

Taiwan 🄝 대만

Taiwan 대만
want ~하고 싶어 하다

I want to go to Taiwan.
나는 대만에 가고 싶다.

England 🄝 잉글랜드

England 영국
rock 록음악, 돌

These rock singers are from England.
이 록음악 가수들은 잉글랜드에서 왔다.

USA(United States of America)
🄝 미국

USA 미국
NASA NASA(미국 항공 우주국)

NASA is in USA.
NASA는 미국에 있다.

Topic 21

Check List
1 ☐ 2 ☐ 3 ☐ 4 ☐ 5 ☐

Languages
언어

Chinese n 중국어

Chinese 중국어
chin 턱

He wrote a Chinese word on his chin.
그는 그의 턱에 중국어(한자)를 썼다.

English n 영어

English 영어
polish 윤(광)을 내다, 다듬다

You need to polish your English.
당신은 영어를 다듬어야 합니다.

Topic 22

Check List
1 ☐ 2 ☐ 3 ☐ 4 ☐ 5 ☐

Holidays & Festivals
휴일 & 축제

매번 차 막혀

Chinese New Year
phr 춘절(중국의 설)

Chinese New Year is a big day for Chinese.
춘절은 중국인들에게 중요한 날이다.

lantern [n] 랜턴

lantern 랜턴
want 원하다

Every kid wants a lantern.
모든 아이들은 랜턴을 원한다.

Moon Festival [phr] 추석

He looks at the moon at the Moon Festival.
그는 추석에 달을 쳐다본다.

Teacher's Day
[phr] 스승의 날

Some teachers don't like Teacher's Day.
몇몇 선생님들은 스승의 날을 좋아하지 않는다.

Christmas
[phr] 크리스마스

Christmas 크리스마스
Chris Chirs(사람 이름)

Chris hates Christmas.
Chris는 크리스마스를 싫어한다.

Easter [phr] 부활절

Easter 부활절
east 동쪽

They go east on every Easter.
그들은 매 부활절마다 동쪽으로 간다.

Halloween phr 핼러윈

Halloween 핼러윈

hall 홀, 외관

He decorated the hall for Halloween.
그는 핼러윈을 위해 홀을 장식했다.

New Year's Eve

phr 12월 31일, 섣달그믐

They watch fireworks on New Year's Eve.
그들은 12월 31일에 불꽃놀이를 본다.

New Year's Day

phr 새해 첫날, 1월 1일

She slept whole day on New Year's Day.
그녀는 새해 첫날에 하루 종일 잤다.

Mother's Day

phr 어머니날

She cleaned the house on Mother's day.
그녀는 어머니날에 집을 청소했다.

Father's Day

phr 아버지날

He got a concert ticket for Father's Day.
그는 아버지날을 위해 콘서트 표를 샀다.

festival n 축제

festival 축제
fast 빠른

He runs fast at the festival.
그는 축제에서 빨리 뛴다.

holiday n 휴일

holiday 휴일
today 오늘

Today is a holiday.
오늘은 휴일이다.

vacation n 방학

vacation 방학
cat 고양이

This cat is on vacation.
이 고양이는 휴가 중이다.

celebrate n 축하하다

celebrate 축하하다
eleventh 열한 번째

They celebrate his eleventh birthday.
그들은 그의 열한 번째 생일을 축하한다.

Tip

- January 1월
- February 2월
- March 3월
- April 4월
- May 5월
- June 6월

Occupations
직업

actor n 배우

actor 배우
active 활동적인

This actor is very active.
이 배우는 매우 활동적이다.

actress n 여배우

actress 여배우
dress 드레스

This actress wears a red dress.
이 여배우는 빨간 드레스를 입고 있다.

boss n 상사

boss 상사
cross 건너다

You can cross the street and find our boss.
당신은 길을 건너가서 우리 상사를 찾을 수 있다.

businessman n 사업가

businessman 사업가
business 사업

This businessman's business is very well.
이 사업가의 사업은 매우 잘 된다.

clerk **n** 직원

clerk 직원

clock 시계

These clerks look at the clock.
이 직원들은 시계를 본다.

cook **n** 요리사

cook 요리사

cookie 쿠키

This cook looks like a cookie.
이 요리사는 쿠키처럼 보인다.

dentist **n** 치과의사

dentist 치과의사

student 학생

This dentist was a good student.
이 치과의사는 훌륭한 학생이었다.

doctor **n** 의사

doctor 의사

actor 배우

This doctor is also an actor.
이 의사는 또한 배우이다.

driver **n** 운전기사

driver 운전기사

river 강

This driver is in the river.
운전기사는 강에 있다.

engineer n 엔지니어

engineer 엔지니어

engine 엔진

This engineer is checking the engine.
이 엔지니어는 엔진을 확인하고 있다.

farmer n 농부

farmer 농부

arm 팔

This farmer has strong arms.
이 농부에게는 튼튼한 팔이 있다.

fisherman n 어부

fisherman 어부

fish 물고기

This fisherman can't catch a fish.
이 어부는 물고기를 잡지 못한다.

housewife n 주부

housewife 주부

housework 집안일

A housewife has a lot of housework.
주부는 집안일이 많다.

lawyer n 변호사

lawyer 변호사

law 법

This lawyer is breaking the law.
이 변호사는 법을 어기고 있다.

mailman [n] 우편배달부

mailman 우편배달부

railway 철도

This mailman dropped his mails on the railway.
이 우편배달부는 그의 편지를 철도에 떨어뜨렸다.

nurse [n] 간호사

nurse 간호사

purse 지갑

This nurse wears a purse on her head.
이 간호사는 머리에 지갑을 쓰고 있다.

police officer
[phr] 경찰관

This police officer is polite.
이 경찰관은 정중하다.

reporter [n] 기자

reporter 기자

sport 스포츠

He is a sports reporter.
그는 스포츠 기자이다.

salesman [n] 판매원

salesman 판매원

sales 판매의

This salesman has good sales skills.
이 판매원은 훌륭한 판매 기술을 갖고 있다.

secretary n 비서

secretary 비서
secret 비밀

My secretary told me his secret.
내 비서가 나에게 그의 비밀을 말했다.

shopkeeper
n 가게 주인

shopkeeper 가게 주인
keep 유지하다, 기르다

This shopkeeper keeps a big dog.
이 가게 주인은 큰 개를 기르고 있다.

singer n 가수

singer 가수
finger 손가락

This singer has beautiful fingers.
이 가수에게는 아름다운 손가락이 있다.

soldier n 군인

soldier 군인
sold 팔았다

He sold an old car to a soldier.
그는 군인에게 오래된 자동차를 팔았다.

waiter n 종업원, 웨이터

waiter 종업원
sweater 스웨터

This waiter wears a sweater.
이 종업원은 스웨터를 입고 있다.

waitress
n 여종업원, 웨이트리스

waitress 여종업원

dress 드레스

This waitress wears a dress.
이 여종업원은 드레스를 입고 있다.

worker n 노동자

worker 노동자

work 일하다

This worker is working at the zoo.
이 노동자는 동물원에서 일하고 있다.

writer n 작가

writer 작가

write 쓰다

This writer is writing a novel.
이 작가는 소설을 쓰고 있다.

business n 사업

business 사업

businessman 사업가

This businessman's business is very well.
이 사업가의 사업은 매우 잘 된다.

job n 일, 직업

job 일, 직업

jog 조깅하다

He needs to jog for his job.
그는 그의 일을 위해 조깅이 필요하다.

work ⓥ 일하다

work 일하다
worker 노동자

This worker is working at the zoo.
이 노동자는 동물원에서 일하고 있다.

Topic 24

Weather & Nature
날씨 & 자연

weather ⓝ 날씨

weather 날씨
whether ～인지 아닌지

We don't know whether the weather will be better.
우리는 날씨가 좋아질지 아닐지 모른다.

clear ⓐ 확실한, 분명한

clear 확실한, 분명한
clean 깨끗한

This street is clean and clear.
이 길은 깨끗하고 확실하다.

cloudy ⓐ 날씨가 흐린

cloudy 날씨가 흐린
loud 큰, 시끄러운

This wolf is loud at cloudy night.
이 늑대는 흐린 날 밤에 시끄럽다.

cold a 추운

cold 추운
old 늙은

This old woman looks cold.
이 늙은 여자는 추워 보인다.

cool a 시원한

cool 시원한
school 학교

This school is cool.
이 학교는 시원하다.

dry v 말리다

dry 말리다
try 노력하다, 시도하다

He tried to dry his hair.
그는 그의 머리카락을 말리려고 노력했다.

hot a 뜨거운

hot 뜨거운
pot 솥

They love hot pot.
그들은 뜨거운 솥을 좋아한다.

rainy a 비가 오는

rainy 비가 오는
rainbow 무지개

You may see rainbows in rainy days.
당신은 비가 오는 날에 무지개를 볼 수도 있다.

snowy
a 눈이 많이 내리는

snowy 눈이 많이 내리는

snow 눈

They play with snow on snowy days.
그들은 눈이 많이 내리는 날에 눈을 가지고 논다.

sunny **a 화창한**

sunny 화창한

funny 웃기는

Fanny dresses funny on sunny days.
Fanny는 화창한 날에 옷을 웃기게 입었다.

Topic

24

| 날씨 & 자연 Weather & Nature |

warm **a 따뜻한**

warm 따뜻한

worm 벌레

This worm looks warm.
이 벌레는 따뜻해 보인다.

windy
a 바람이 많이 부는

windy 바람이 많이 부는

winter 겨울

It is windy in winter.
겨울에는 바람이 많이 분다.

rainbow **n 무지개**

rainbow 무지개

rainy 비가 오는

You may see rainbows in rainy days.
당신은 비가 오는 날에 무지개를 볼 수도 있다.

snow 🄝 눈

snow 눈

now 지금

They are playing with snow now.
그들은 지금 눈을 가지고 놀고 있다.

snowman 🄝 눈사람

snowman 눈사람

man 남자

This man made a snowman.
이 남자는 눈사람을 만들었다.

typhoon 🄝 태풍

typhoon 태풍

phone 전화기

She was on the phone when the typhoon came.
태풍이 왔을 때 그녀는 전화를 하고 있었다.

wind 🄝 바람

wind 바람

window 창문

The wind blew away her window.
바람이 그녀의 창문을 날려버렸다.

rain 🄝 비

rain 비

again 다시

This dog is dancing in the rain again.
이 개는 다시 빗속에서 춤을 추고 있다.

shine v 빛나다

shine 빛나다
she 그녀

She shines in the sunshine.
그녀는 햇빛 속에서 빛난다.

wet a 젖은

wet 젖은
get 얻다

Don't get wet.
젖지 마세요

nature a 자연

nature 자연
future 미래 / picture 그림

This picture of nature has a good future .
이 자연의 그림은 멋진 미래를 갖고 있다.

air n 공기

air 공기
hair 머리

Its hair is flying in the air.
그것의 머리카락이 공기 중에 날리고 있다.

earth n 지구

earth 지구
ear 귀

It has the biggest ears on the earth.
그것은 지구에서 가장 큰 귀를 갖고 있다.

moon n 달

moon 달
noon 정오

It is difficult to see the moon at noon.
정오에 달을 보는 것은 어렵다.

sky n 하늘

sky 하늘
ski 스키

He can ski high up to the sky.
그는 하늘 높이 스키를 탈 수 있다.

sun n 해, 태양

sun 해, 태양
run 뛰다

It is fun to run under the sun.
태양 아래에서 뛰는 것은 재미있다.

star n 별

star 별
stay 머무르다

He stayed at a five star hotel.
그는 5성급 호텔에 묵었다.

Tip

- July 7월
- August 8월
- September 9월
- October 10월
- November 11월
- December 12월

Topic 25

Geographical Terms
지리학 용어

land n 땅
land 땅
lend 빌려주다

He lends me the land.
그는 나에게 그 땅을 빌려주었다.

beach n 바다
beach 바다
teach 가르치다

He teaches lessons at the beach.
그는 해변에서 수업을 가르친다.

hill n 언덕
hill 언덕
ill 아픈

He feels ill on the hill.
그는 언덕 위에서 아프다고 느꼈다.

island n 섬
island 섬
is ~이다

Is this an island?
이것이 섬인가요?

Topic
25

| 지리학 용어 Geographical Terms |

lake n 호수

lake 호수
bake 굽다

He bakes cakes by the lake.
그는 호수 옆에서 케이크를 굽는다.

mountain n 산

mountain 산
fountain 분수

There is a fountain on the mountain.
산 위에 분수가 있다.

pond n 연못

pond 연못
fond 좋아하는, 애정을 느끼는

He is fond of this pond.
그는 이 연못을 좋아한다.

pool n 수영장

pool 수영장
poor 불쌍한

This poor man is in the pool.
이 불쌍한 남자는 수영장에 있다.

river n 강

river 강
driver 운전기사

This driver is in the river.
이 운전기사는 강에 있다.

sea ⓝ 바다

<u>sea</u> 바다
<u>season</u> 계절

He fishes on the sea for the seafood season.
그는 해산물 요리를 위해 바다에서 낚시를 한다.

Topic 26

Animals & Insects
동물 & 곤충

animal ⓝ 동물

<u>animal</u> 동물
<u>any</u> 어느 / <u>mall</u> 쇼핑몰

You can't take any animal to the mall.
당신은 어느 동물도 쇼핑몰에 데려갈 수 없다.

Topic

26

동물 & 곤충 Animals & Insects |

bear ⓝ 곰

<u>bear</u> 곰
<u>beer</u> 맥주

The bear likes beer.
곰은 맥주를 좋아한다.

cat ⓝ 고양이

<u>cat</u> 고양이
<u>fat</u> 뚱뚱한

His cat is fat.
그의 고양이는 뚱뚱하다.

chicken ⓝ 닭

chicken 닭
sick 아픈

His chicken is sick.
그의 닭은 아프다.

cow ⓝ 소

cow 소
low 낮은

The wall is too low for cows.
그 벽은 소에게 너무 낮다.

dog ⓝ 개

dog 개
hot dog 핫도그

This dog ate a hot dog.
이 개는 핫도그를 먹었다.

duck ⓝ 오리

duck 오리
truck 트럭

There is a duck on the truck.
트럭에 오리 한 마리가 있다.

elephant ⓝ 코끼리

elephant 코끼리
ant 개미

An ant visits his elephant friend.
개미가 그의 친구 코끼리를 방문한다.

fox ⓝ 여우

fox 여우

ox 황소

This story is about a fox
and an ox.
이 이야기는 여우와 황소에 대한 이야기이다.

frog ⓝ 개구리

frog 개구리

foggy 안개가 낀

This frog likes foggy days.
이 개구리는 안개 낀 날을 좋아한다.

goat ⓝ 염소

goat 염소

coat 코트

A goat took my coat, and
jumped on a boat.
염소가 내 코트를 가져가서 보트에 올라탔다.

Topic

26

동물 & 곤충 Animals & Insects

goose ⓝ 거위

goose 거위

good 좋은

It is a good goose.
그것은 맛 좋은 거위이다.

hen ⓝ 암탉

hen 암탉

ten 10, 열

This hen laid ten eggs.
이 암탉은 달걀 10개를 낳았다.

171

hippo 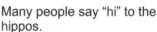 n 하마

hippo 하마
hi 안녕

Many people say "hi" to the hippos.
많은 사람들이 하마들에게 "안녕"이라고 말한다.

---

horse n 말

horse 말
house 집

His horse is outside the house.
그의 말은 집 밖에 있다.

---

kangaroo n 캥거루

This was the first time he saw a kangaroo.
그가 캥거루를 본 것은 이번이 처음이었다.

---

koala n 코알라

koala 코알라
cola 콜라

Does the koala drink cola?
코알라가 콜라를 마시나요?

---

lion n 사자

lion 사자
on ~위에

A lion is lying on a bed.
사자가 침대 위에 누워있다.

monkey n 원숭이

<u>monkey</u> 원숭이
<u>money</u> 돈

This monkey has made a lot of money.
이 원숭이는 많은 돈을 벌었다.

mouse n 쥐

<u>mouse</u> 쥐
fa<u>mous</u> 유명한

This mouse is famous.
이 쥐는 유명하다.

ox n 황소

<u>ox</u> 황소
f<u>ox</u> 여우

This story is about a fox and an ox.
이 이야기는 여우와 황소에 대한 이야기이다.

pet n 애완동물

<u>pet</u> 애완동물
<u>put</u> 넣다

He put all his pets together.
그는 그의 모든 애완동물을 함께 놓았다.

pig n 돼지

<u>pig</u> 돼지
<u>big</u> 큰

He is digging a big hole for his pig.
그는 그의 돼지를 위해 큰 구멍을 파고 있다.

Topic

26

동물 & 곤충 Animals & Insects

173

puppy ⓝ 강아지

puppy 강아지

happy 행복한

The hippy and his puppy are happy.
히피족과 그의 강아지는 행복하다.

rabbit ⓝ 토끼

rabbit 토끼

habit 습관

She has a habit of eating with her rabbit.
그녀는 그녀의 토끼와 함께 먹는 습관을 갖고 있다.

rat ⓝ 쥐

rat 쥐

cat 고양이

There is a rat in the cat's mouth.
고양이의 입에 쥐가 있다.

sheep ⓝ 양

sheep 양

sleep 자다

A sheep is sleeping.
양 한 마리가 자고 있다.

tiger ⓝ 호랑이

tiger 호랑이

bigger 더 큰

A zebra is bigger than a tiger.
얼룩말이 호랑이보다 더 크다.

turkey 🔳 칠면조

turkey 칠면조

key 열쇠

My turkey has the key of the house.

칠면조가 내 집 열쇠를 갖고 있다.

zebra 🔳 얼룩말

A zebra is bigger than a tiger.

얼룩말이 호랑이보다 더 크다.

insect 🔳 곤충

insect 곤충

second 초

He can kill five insects in a second.

그는 순식간에 곤충 5마리를 죽일 수 있다.

Topic

26

동물 & 곤충 Animals & Insects

ant 🔳 개미

ant 개미

aunt 이모

My aunt doesn't like ants.

나의 이모는 개미를 좋아하지 않는다.

bat 🔳 박쥐

bat 박쥐

bath 욕조

Two bats are taking a bath in the bathroom.

박쥐 2마리가 욕실에서 목욕을 하고 있다.

bee n 벌

bee 벌
see 보다

I see a bee.
나는 벌을 보고 있다.

bird n 새

bird 새
girl 소녀

This girl has a big bird.
이 소녀는 큰 새를 갖고 있다.

bug n 벌레

bug 벌레
bag 가방

There is a big bug on her bag.
그녀의 가방에 큰 벌레가 있다.

butterfly n 나비

butterfly 나비
butter 버터

A butterfly is carrying a piece of butter.
나비가 버터 한 조각을 옮기고 있다.

dragon n 용

dragon 용
drag (힘들여) 끌다 / on ~위에

He dragged a dragon on his back.
그는 등에 용을 업고 힘들게 끌고 갔다.

snake ⓝ 뱀

snake 뱀
snack 간식

"I'll be back with the snack," said the snake.
"간식을 갖고 돌아올게"라고 뱀이 말했다.

spider ⓝ 거미

spider 거미
wider 더 넓은

That crab is wider than that spider.
그 게는 거미보다 더 크다.

fish ⓝ 물고기

fish 물고기
wish 원하다

He wishes he could catch a big fish.
그는 큰 물고기 잡기를 원한다.

Topic
26

동물 & 곤충 Animals & Insects

shark ⓝ 상어

shark 상어
shock 충격

This shark was shocked.
이 상어는 충격을 받았다.

turtle ⓝ 거북이

turtle 거북이
gentle 온순한

This turtle is very gentle.
이 거북이는 매우 온순하다.

whale n 고래

whale 고래

sale 판매

This whale is on sale.
이 고래는 판매 중이다.

bite n 물다

bite 물다

kite 연

His dog bites his kite.
그의 개가 연을 물고 있다.

tail n 꼬리

tail 꼬리

sail 항해하다

He sailed with a tail.
그는 꼬리를 매달고 항해했다.

Topic 27

Check List
1 ☐ 2 ☐ 3 ☐ 4 ☐ 5 ☐

Articles & Determiners
관사 & 한정사

a art 한, 하나의

a chicken
닭 한 마리

every ⓐ 모든
every chicken
모든 닭

the art 그, 그것 (~개, ~명)
the chicken
그 닭

this art 이, 이것
this chicken
이 닭

that art 저, 저것
that chicken
저 닭

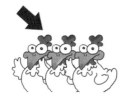

these art 이(것)들
these chickens
이 닭들

Topic

27

관사 & 한정사 Articles & Determiners

those `art` 저(것)들

those chickens
저 닭들

my `pron` 내, 나의

my chicken
나의 닭

our `pron` 우리의

our chicken
우리의 닭

your `pron` 너의

your chicken
너의 닭

his `pron` 그의

his chicken
그의 닭

her `pron` 그녀의

her chicken
그녀의 닭

its `pron` 그것의

its chicken
그것의 닭

their `pron` 그들의

their chicken
그들의 닭

Topic 28

Check List
1 2 3 4 5

Pronouns & Reflexives
대명사 & 재귀대명사

| 대명사 & 재귀대명사 Pronouns & Reflexives |

Topic
28

I `pron` 나는

I am Eve.
나는 Eve이다.

you pron 너

You are Adam.
너는 Adam이다.

he pron 그

He is Jack.
그는 Jack이다.

she pron 그녀

She is Rose.
그녀는 Rose이다.

it pron 그것

It is our dog.
그것은 우리의 개다.

we pron 우리

We like to talk.
우리는 말하는 것을 좋아한다.

they pron 그들

They like to fight.
그들은 싸우는 것을 좋아한다.

another a 또 하나(다른)

another 또 하나(다른)
other (그 밖의)다른

Another man lives on the other island.
또 다른 남자는 다른 섬에 살고 있다.

other a (그 밖의) 다른

other (그 밖의) 다른
another 또 하나(다른)

Another man lives on the other island.
또 다른 남자는 다른 섬에 살고 있다.

대명사 & 재귀대명사 Pronouns & Reflexives

anyone pron 누구, 아무

anyone 누구, 아무
someone 어떤 사람, 누구

Can someone help me?
Anyone?
누가 저 좀 도와줄 수 있나요? 누구라도
있나요?

Topic
28

anything pron 무엇

anything 무엇
nothing 아무것도

"Can you see anything?"
"Nothing!"
"뭐 좀 볼 수 있나요?" "아무것도 안 보여요!"

each a 각각(의)

each 각각(의)
peach 복숭아

Each kid can get a peach.
각각의 아이들은 복숭아를 가질 수 있다.

everyone
pron 모든 사람

everyone 모든 사람
one 하나의

Everyone needs one good friend.
모든 사람들은 한 명의 좋은 친구가 필요하다.

everything
pron 모든 것

everything 모든 것
thing 것, 가지

He accepts everything except one thing.
그는 한 가지만 제외하고 모든 것을 받아들인다.

most
pron 대부분의, 최대의

most 대부분의
lost 잃어버린

He has lost most of the letters.
그는 대부분의 편지를 잃어버렸다.

nobody pron 아무도

nobody 아무도
no 아닌

It has no friends. Nobody likes it.
그것은 친구들이 없다. 아무도 그것을 좋아하지 않는다.

nothing `pron` 아무것도

nothing 아무것도
anything 무엇

"Can you see anything?"
"Nothing!"
"뭐 좀 볼 수 있나요?" "아무것도 안 보여요!"

---

part `n` 일부, 부분

part 일부, 부분
art 예술

He didn't miss the important part of his art.
그는 그의 예술의 중요한 부분을 놓치지 않았다.

---

someone
`pron` 어떤 사람, 누구

someone 어떤 사람, 누구
anyone 누구

Can someone help me? Anyone?
누가 저 좀 도와줄 수 있나요? 누구라도 있나요?

---

something
`pron` 어떤 것, 무엇

something 어떤 것, 무엇
handsome 잘생긴

A handsome man handed me something.
잘생긴 남자가 나에게 무언가를 건네주었다.

| 대명사 & 재귀대명사 Pronouns & Reflexives |

Topic
28

Tip

- foot 피트
- inch 인치
- mile 마일

- centimeter 센티미터
- meter 미터
- kilometer 킬로미터

Wh-words
Wh- 단어

how `ad` 어떻게

how 어떻게

cow 소

How do these cows jump the wall?
어떻게 이 소들이 벽을 뛰어요?

what `pron` 무엇

What is it?
그것은 무엇인가요?

which `pron` 어느

Which sheep do you like?
당신은 어느 양을 좋아하나요?

who `pron` 누구

Who are you?
당신은 누구인가요?

whose `pron` 누구의
Whose trash is this?
이것은 누구의 쓰레기인가요?

when `ad` 언제
When will the train arrive?
기차가 언제 도착하나요?

where `ad` 어디에
Where are you?
당신은 어디에 있나요?

whether
`phr` `conj` ~인지 아닌지
whether ~인지 아닌지
weather 날씨

We don't know whether the weather will be better.
우리는 날씨가 좋아질지 아닐지 모르겠다.

| Wh-단어 Wh-words |

Topic

29

why `ad` 왜
Why am I always right?
나는 왜 항상 옳은 것인가?

Be & Auxiliaries
Be 동사 & 조동사

be [v] ~있다, ~이다

<u>be</u> ~있다, ~이다
<u>bee</u> 벌

This bee wants to be a nice bee.
이 벌은 멋진 벌이 되고 싶어 한다.

do [v] ~하다

<u>do</u> ~하다
<u>go</u> 가다

Do it! Go!
그렇게 하세요! 어서!

have [v] 가지다

<u>have</u> 가지다
<u>hal</u>f 절반

I have half of the painting.
나는 그림의 절반을 가지고 있다.

can [aux] 할 수 있다

<u>can</u> 할 수 있다
<u>cap</u> 모자

Can you help me find my cap?
내 모자 찾는 것을 도와줄 수 있나요?

will `aux` ~일 것이다

<u>will</u> ~일 것이다
<u>k</u>ill 죽이다

He will kill it.
그는 그것을 죽일 것이다.

may `aux` ~일지도 모른다

<u>may</u> ~일지도 모른다
<u>May</u> 5월, 사람 이름

May may get married in May.
May는 5월에 결혼할지도 모른다.

must `aux` `v` ~해야 한다

<u>must</u> ~해야 한다
<u>just</u> 단지

"We must go."
"Just a moment, please!"
"우린 가야만 해" "조금만 기다려 주세요!"

shall
`aux` `v` ~일 것이다, ~할까

<u>shall</u> ~일 것이다, ~할까
<u>all</u> 모든

Shall we all take a shower together?
우리 모두 함께 샤워를 할까요?

should
`aux` ~해야 한다

<u>should</u> ~해야 한다
<u>shoulder</u> 어깨

You should not put the kid on your shoulders.
당신은 어깨에 아이를 올려놓아서는 안 된다.

Be동사 & 조동사 Be & Auxiliaries

Topic
30

189

Prepositions
전치사

about prep 약, 쯤, ~대하여

about 약, 쯤, ~에 대하여

out 밖으로

He went out about noon.
그는 정오쯤에 밖으로 나갔다.

above prep ~위로

above ~위로

dove 비둘기

A dove is flying above him.
비둘기가 그의 위에서 날고 있다.

across prep 건너서

across 건너서

cross 십자

They walk across the cross street.
그들은 교차로를 가로질러 걷는다.

along prep ~을 따라

along ~을 따라

long 긴

He walks along a long road.
그는 긴 도로를 따라 걷는다.

below [prep] 아래에

He found a bear below him.
그가 그의 아래에서 곰을 발견했다.

behind [prep] 뒤에

He is behind the bear.
그가 곰 뒤에 있다.

before [prep] 앞에

He runs before the bear.
그가 곰 앞에서 달린다.

after [prep] 뒤에

The bear runs after him.
곰이 그의 뒤를 뒤쫓는다.

between [prep] 사이에

He is between two bears.
그는 두 곰 사이에 있다.

near prep 가까이

near 가까이

pear 배

No one can get near that pear.
아무도 그 배에 가까이 가지 못한다.

beside prep 옆에

beside 옆에

decide 결정하다

He decided to sit beside her.
그는 그녀의 옆에 앉기로 결정했다.

around prep 주위에

around 주위에

round 둥근

He runs around the round building.
그는 둥근 빌딩 주변을 달린다.

at prep ～에

at ～에

cat 고양이

The cat is doing nothing at all.
그 고양이는 아무것도 하지 않고 있다.

by prep ～로, ～옆에

by ～로, ～옆에

bicycle 자전거

He made the circles by bicycle.
그는 자전거로 동그라미를 만들었다.

down prep ad 아래로

down 아래로

brown 갈색

They rain down brown chocolate.
그들은 갈색 초콜릿을 비 오듯이 뿌린다.

during
prep ~동안 (~에 따라) 기간

during ~동안 (~에 따라) 기간

ring 반지

He found a ring during his vacation.
그는 방학 동안에 반지를 찾았다.

except prep 제외하고는

except 제외하고는

accept 수용하다

He accepts everything except one thing.
그는 한 가지만 제외하고 모든 것을 수용한다.

for prep ~위한, ~로

for ~위한, ~로

fork 포크

It needs a fork for the meal.
그것은 식사를 하기 위해 포크가 필요하다.

from
prep ~에서, ~로 부터

from ~에서, ~로 부터

frog 개구리

A frog flew from her hand to the wall.
개구리가 그녀의 손에서 벽으로 날았다.

in prep ~에

in ~에
sing 노래하다

They sing in a room.
그들은 방 안에서 노래한다.

inside prep ~의 안에

inside ~의 안에
outside 밖에

Shall he stay inside or outside the house?
그는 집 안에 있어야 할까요,
아니면 집 밖에 있어야 할까요?

into prep ~안으로

into ~의 안으로
ink 잉크

It jumped into the ink bottle.
그것은 잉크 병 안으로 점프했다.

like prep ~와 같이

like ~와 같이
life 삶. 생명

My wife is like the light of my life.
내 아내는 내 삶의 빛과 같다.

of prep ~의

of ~의
off (어떤 곳에서) 멀리

The leader of the band jumped off the stage.
밴드의 리더가 무대에서 점프했다.

off <u>prep</u> (어떤 곳에서) 멀리

off (어떤 곳에서) 멀리

of ~의

The leader of the band jumped off the stage.
밴드의 리더가 무대에서 점프했다.

on <u>prep</u> ~에

on ~에

lion 사자

A lion is lying on a bed.
사자가 침대 위에 누워있다.

out <u>prep</u> <u>ad</u> 밖으로

out 밖으로

our 우리의

She went out to walk our dog.
그녀는 우리의 개를 산책시키러 밖으로 나갔다.

outside <u>prep</u> <u>n</u> 밖으로

outside 밖으로

inside 안으로

Shall he stay inside or outside the house?
그가 집 안에 있어야 할까요,
아니면 밖에 있어야 할까요?

over <u>prep</u> ~위에

over ~위에

dove 비둘기

A dove flies over his head.
비둘기가 그의 머리 위에서 난다.

since ~부터 prep

<u>since</u> ~부터
<u>sing</u> 노래하다

They started singing since yesterday.
그들은 어제부터 노래 부르기를 시작했다.

than ~보다 prep

<u>than</u> ~보다
<u>that</u> 저

That crab is wider than that spider.
저 꽃게는 저 거미보다 크다.

to ~로 prep

<u>to</u> ~로
<u>too</u> 또한

We went to the zoo, too.
우리는 또한 동물원도 갔다.

under ~아래에 prep

<u>under</u> ~아래에
<u>until</u> ~까지

He stood under the tree until he was hit.
그는 맞을 때까지 나무 아래에 서있었다.

until ~까지 prep

<u>until</u> ~까지
<u>under</u> ~아래에

He stood under the tree until he was hit.
그는 쓰러질 때까지 나무 아래에 서있었다.

up prep ad ~위에

up ~위에
jump 뛰다

He jumped up.
그는 위로 점프했다.

with prep ~와 함께

with ~와 함께
without ~없이

They like to play with each other.
그들은 서로 함께 노는 것을 좋아한다.

without prep ~없이

without ~없이
with ~와 함께

He watches the moon without a friend.
그는 친구도 없이 달을 쳐다본다.

Topic 32

Check List
1 ☐ 2 ☐ 3 ☐ 4 ☐ 5 ☐

Conjunctions
접속사

and conj ~와

and ~와
ant 개미

An elephant and an ant are good friends.
코끼리와 개미는 좋은 친구이다.

as conj ～할 때, ～처럼

as ～할 때, ～처럼
eraser 지우개

You can find an eraser as you open it.
그것을 열면 당신은 지우개를 찾을 수 있을 것이다.

because conj ～때문에

because ～때문에
be ～이다

He is running because he can't be late.
그는 지각을 할 수 없기 때문에 뛰고 있다.

but conj 그러나

but 그러나
bus 버스

But, he misses the bus.
그러나 그는 버스를 놓쳤다.

though
conj 비록 ～이긴 하지만

though 비록 ～이긴 하지만
thought 생각

Though he missed the bus, he has no thought of being late.
그는 비록 버스를 놓치긴 했지만, 지각할 생각은 전혀 없다.

however conj 그러나

however 그러나
never 결코 ～않다

He is tired. However, he will never give up.
그는 피곤하다.
하지만, 그는 결코 포기하지 않을 것이다.

if [conj] 만약 ~면

if 만약 ~면
it 그것

I'll go even if it rains.
나는 비가 오더라도 갈 것이다.

or [conj] 또는

or 또는
so 그래서

The train will come in two days or so.
기차는 이틀쯤 후에 올 것이다.

Topic 33

Check List

1   2   3   4   5

Interjections
감탄사

hello [int] 안녕, 여보세요?

hello 안녕
he 그

"Hey! Hello!" he said from space.
"어이! 안녕!"하고 그가 우주에서 말했다.

hey [int] 어이!

hey 어이!
he 그

"Hey! Hello!" he said from space.
"어이! 안녕!"하고 그가 우주에서 말했다.

hi int 안녕

hi 안녕

high 높은

"Hi," he said from a high building.
"안녕"하고 그가 높은 빌딩에서 말했다.

good-bye
int 안녕히 가세요

Good-bye and take care!
잘 가고 몸조심하세요!

welcome int 환영하다

welcome 환영하다

come 오다

Welcome! Come in, please.
환영합니다! 들어오세요.

Topic 34
Check List
1☐ 2☐ 3☐ 4☐ 5☐

Other Nouns
기타 명사

action n 행동

action 행동

actor 배우

This actor is always in action.
이 배우는 항상 활동을 하고 있다.

age ⓝ 나이

age 나이
page 페이지

She wrote her age on this page.
그녀는 이 페이지에 그녀의 나이를 썼다.

American ⓝ 미국인

American 미국인
Eric Eric(사람 이름)

Eric is an American.
Eric은 미국인이다.

Topic

34

기타 명사 Other Nouns

base ⓝ 토대, 근거지

base 토대, 근거지
baseball 야구

This baseball team has a base.
이 야구팀은 근거지가 있다.

bell ⓝ 종

bell 종
fell 떨어졌다

A bell fell into the sea.
종이 바다로 떨어졌다.

birthday ⓝ 생일

birthday 생일
yesterday 어제

Did you get a birthday gift yesterday?
당신은 어제 생일 선물을 받았나요?

201

bottom n 맨 아래

bottom 맨 아래

cotton 솜

The button and the cotton are under its bottom.
단추와 솜은 바닥 아래에 있다.

cage n 우리

cage 우리

page 페이지

There are some pages flew in the cage.
우리 안으로 몇 장의 종이가 날아갔다.

case n 상자

case 상자

cause 원인

What causes the noise in this case?
이 상자에서 소음이 발생하는 원인이 무엇인가요?

castle n 성

castle 성

cast 던지다

He cast the case from the castle.
그는 성에서 상자를 던졌다.

cell phone
n 휴대전화

cell phone 휴대전화

excellent 훌륭한

I have some excellent cell phones.
나는 멋진 휴대전화 몇 개를 갖고 있다.

center n 중심

center 중심
enter 들어가다

They want to enter the
shopping center.
그들은 이 쇼핑센터에 들어가기를 원한다.

chance n 기회

chance 기회
change 변화

You have a chance to find
some change there.
당신에게는 그곳에서 약간의 변화를 찾을
기회가 있다.

| 기타 명사 Other Nouns |

club n 클럽, 동호회

culb 클럽, 동호회
bulb 전구

He is a member of the Bulb
club.
그는 Bulb 클럽의 일원이다.

corner n 모서리

corner 모서리
corn 옥수수

There is corn at the corner.
모서리에 옥수수가 있다.

date n 날짜

date 날짜
today 오늘

What's the date today?
오늘은 며칠인가요?

deal <u>n</u> 거래

<u>deal</u> 거래
<u>real</u> 진짜의

It is a real good deal.
그것은 진짜 좋은 거래이다.

dream <u>n</u> 꿈

d<u>ream</u> 꿈
<u>cream</u> 크림

There is an ice cream in its dream.
꿈속에서 아이스크림이 나왔다.

e-mail <u>n</u> 이메일

e-<u>mail</u> 이메일
<u>mail</u> 우편

This mailman doesn't like e-mail.
이 우편배달부는 이메일을 좋아하지 않는다.

excuse <u>n</u> 변명, 이유

ex<u>cuse</u> 변명, 이유
<u>use</u> 사용하다

He used his dog as an excuse.
그는 그의 개를 변명거리로 사용했다.

experience <u>n</u> 경험

<u>experience</u> 경험
<u>expert</u> 전문가

His experience makes him an expert.
그의 경험은 그를 전문가로 만든다.

fact n 실상, 사실

<u>fact</u> 실상, 사실
<u>factory</u> 공장

No one knows the fact of this factory.
아무도 이 공장의 실상을 알지 못한다.

fire n 불

<u>fire</u> 불
<u>wire</u> 철사

There is fire on the wire circle.
둥근 철사에 불이 붙어 있다.

Topic

34

| 기타 명사 Other Nouns |

foreigner n 외국인

aidez-moi

<u>foreigner</u> 외국인
<u>foreign</u> 외국의

This foreigner speaks a foreign language.
이 외국인은 외국어를 말한다.

flower n 꽃

<u>flower</u> 꽃
<u>lower</u> ~을 내리다, 낮추다

Please lower your flowers.
당신의 꽃을 내려주시기 바랍니다.

fun n 재미

<u>fun</u> 재미
<u>sun</u> 재미 / <u>run</u> 달리다

It is fun to run under the sun.
태양 아래에서 달리는 것은 재미있다.

garbage n 쓰레기

garbage 쓰레기

garage 차고

There is a lot of garbage in his garage.
그의 차고에는 많은 양의 쓰레기가 있다.

gas n 가스

gas 가스

guess 추측하다

I guess we need some gas.
우리에게는 가스가 좀 필요하다고 나는 생각한다.

ghost n 유령

ghost 유령

host 주인

The host dresses like a ghost.
그 주인은 유령처럼 입고 있다.

gift n 선물

gift 선물

lift 들어 올리다

Her gift was too big to lift.
그녀의 선물은 너무 커서 들어 올릴 수가 없다.

grass n 잔디

grass 잔디

glass 유리

She puts the grass in a glass.
그녀는 유리잔에 풀을 넣는다.

ground n 땅

ground 땅

found 찾았다

He found some money on the ground.
그는 땅에서 약간의 돈을 찾았다.

group n 무리, 집단

group 무리, 집단

soup 스프

This group made a big bowl of soup.
이 무리는 큰 그릇의 스프를 만들었다.

Topic

34

| 기타 명사 Other Nouns |

habit n 습관, 버릇

habit 습관

rabbit 토끼

She has a habit of eating with her rabbit.
그녀는 그녀의 토끼와 함께 먹는 습관을 갖고 있다.

heat n 열

heat 열

seat 좌석

You can feel the heat below the seat.
당신은 좌석 아래에서 열을 느낄 수 있다.

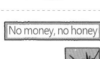

No money, no honey

honey n 꿀, 애인

honey 꿀, 애인

money 돈

No money! No Honey!
돈이 없다면 애인도 없다!

idea n 생각

idea 생각

deer 사슴

It was her idea to put the deer on the wall.
벽에 사슴을 놓는 것은 그녀의 생각이었다.

interest n 흥미

interest 흥미

rest 쉬다

He has an interest in resting and watching TV.
그는 쉬면서 TV를 보는 것에 흥미가 있다.

Internet n 인터넷

Internet 인터넷

interview 인터뷰

Someone interviewed the mailman on the Internet.
누군가가 인터넷에서 우편배달부와 인터뷰를 했다.

interview n v 인터뷰

interview 인터뷰

Internet 인터넷

Someone interviewed the mailman on the Internet.
누군가가 인터넷에서 우편배달부와 인터뷰를 했다.

joy n 기쁨

joy 기쁨

boy 소년

This toy brings joy to this boy.
이 장난감은 이 소년에게 기쁨을 가져다준다.

leader ⋯ 지도자

leader 지도자

cheerleader 치어리더

She is a cheerleader and
the class leader.

그녀는 치어리더이자 반장이다.

lid ⋯ 뚜껑

lid 뚜껑

kid 아이

The kid opens the lid with
his teeth.

그 아이는 치아로 뚜껑을 연다.

list ⋯ 목록

list 목록

lost 잃어버리다

She lost her shopping list.

그녀는 그녀의 쇼핑 목록을 잃어버렸다.

mail ⋯ 우편

mail 우편

mailman 우편배달부

The mailman dropped
mails by accident.

그 우편배달부는 사고로 우편물을 떨어뜨렸다.

matter ⋯ 문제

matter 문제

water 물

What is the matter? It's the
water.

무엇이 문제인가요? 물이 문제입니다.

Topic

34

| 기타 명사 Other Nouns |

209

meeting n 회의

meeting 회의
sleeping 자고 있는

Everyone was sleeping in the meeting.
모든 이들이 이 회의에서 자고 있었다.

mistake n 실수

mistake 실수
take 듣다, 가지다

Taking this class is a mistake.
이 수업을 듣는 것은 실수이다.

mud n 진흙

mud 진흙
mad 화난, 미친

The man in the mud is mad.
진흙 속에 있는 그 남자는 화가 났다.

news n 소식

news 소식
newspaper 신문

His news is in the newspaper.
그의 소식이 신문에 났다.

newspaper n 신문

newspaper 신문
news 소식

His news is in the newspaper.
그의 소식이 신문에 났다.

noise 🅝 소음

noise 소음

nose 코

His nose makes a lot of noise.
그의 코는 큰 소음을 만든다.

note 🅝 메모

note 메모

notebook 공책

He wrote a note on his notebook.
그는 그의 공책에 메모를 했다.

party 🅝 파티

party 파티

park 공원

There is a party at the park.
공원에서 파티가 있다.

photo 🅝 사진

photo 사진

hot 더운, 뜨거운

This man in the photo looks hot.
이 사진 속 남자는 더워 보인다.

pin 🅝 배지

pin 배지

win 이기다, 따다

He wants to win this pin.
그는 이 배지를 획득하고 싶어 한다.

pipe n 파이프

pipe 파이프
type 타자 치다

He types with a pipe.
그는 파이프로 타자를 친다.

planet n 행성

planet 행성
plan 계획

Janet plans to find a new planet.
Janet은 새로운 행성 찾는 것을 계획한다.

player n 선수

player 선수
mayor 시장, 구청장

This mayor is a golf player.
이 시장은 골프 선수이다.

pleasure n 기쁨

pleasure 기쁨
please 제발 / sure 물론

"May I?" "Sure! Please! It is my pleasure."
"제가 해도 될까요?"
"물론이죠! 그렇게 하세요! 저의 기쁨입니다."

power n 힘

power 힘
powder 분말가루, 파우더

This powder gives him a lot of power.
이 분말가루는 그에게 큰 힘을 준다.

prize n 상

prize 상

price 가격

The price for this prize is high.
이 상의 가격은 높다.

program n 프로그램

program 프로그램

gram 그램

He lost five grams in this program.
그는 이 프로그램에서 5그램을 감량했다.

public n 대중

public 대중

pub 술집

This pub is open to the public.
이 술집은 대중에게 공개되어 있다.

robot n 로봇

robot 로봇

rob 도둑질하다

Someone robbed Bob's robot.
누군가가 Bob의 로봇을 도둑질했다.

rock n 록음악, 암석

rock 록음악

England 잉글랜드

These rock singers are from England.
이 록 음악 가수들은 잉글랜드에서 왔다.

rope n 밧줄

rope 밧줄
hope 희망

He hopes he has a rope.
그는 밧줄을 갖기를 희망한다.

rose n 장미

rose 장미
nose 코

She put the roses close to her nose.
그녀는 그녀의 코 가까이에 장미를 가져갔다.

rule n 규칙

rule 규칙
mule 노새

It is a rule that a mule can't enter.
노새는 출입하지 못한다는 것은 규칙이다.

sale n 판매

sale 판매
whale 고래

This whale is on sale.
이 고래는 판매 중이다.

screen n 화면

screen 화면
scream 비명

She screams at the screen every day.
그녀는 매일 화면을 보고 비명을 지른다.

seat ⓝ 좌석

seat 좌석

heat 열

You can feel the heat below
the seat.
당신은 좌석 아래에서 열을 느낄 수 있다.

seed ⓝ 씨앗

seed 씨앗

see 보다

Come and see my magic
seed.
와서 나의 마법 씨앗을 보세요.

sentence ⓝ 문장

sentence 문장

fence 울타리

He wrote a sentence on
her fence.
그는 그녀의 울타리에 문장을 썼다.

set ⓝ 세트

set 세트

get 받다, 가지다

We need to get one TV set.
우리는 TV 한 세트를 가져야 한다.

side ⓝ 쪽

side 쪽

ride 타다

Please ride on the other
side.
반대쪽으로 타시기 바랍니다.

Topic

34

| 기타 명사 Other Nouns |

sight **n** 풍경

sight 풍경

right 오른쪽

The sight on the right is good.

오른쪽의 풍경이 멋있다.

space **n** 우주

space 우주

face 얼굴

She saw a face in the space.

그녀는 우주에서 한 얼굴을 보았다.

subject **n** 과목, 주제

subject 과목

reject 거부하다

He rejects learning any subject.

그는 어떤 과목을 배우는 것을 거부한다.

thing **n** 것

thing 것

think 생각하다

I think I have found a special thing.

나는 특별한 것을 찾았다고 생각한다.

ticket **n** 티켓

ticket 티켓

jacket 재킷

He uses his jacket to buy a ticket.

그는 티켓을 사기 위해 재킷을 사용한다.

tool n 도구

tool 도구
fool 바보

These two tools are fools.
이 두 개의 도구는 바보들이다.

trash n 쓰레기

trash 쓰레기
wash 씻다

Can you wash the trash can?
쓰레기통 좀 씻어줄 수 있나요?

tree n 나무

tree 나무
free 공짜의, 자유로운

These Christmas trees are free.
이 크리스마스 나무들은 공짜다.

trick n 속임수

trick 속임수
brick 벽돌

The brick is a trick.
이 벽돌은 속임수이다.

trouble n 문제

trouble 문제
double 두 배의

You are in double troubles.
당신은 매우 골치 아픈 문제에 빠져있다.

Topic
34

| 기타 명사 Other Nouns |

voice n 목소리

voice 목소리
ice 얼음

Her voice is as cold as ice.
그녀의 목소리는 얼음처럼 차갑다.

way n 방법, 방식

way 방법, 방식
say 말하다

Mark always says "No way!"
Mark는 항상 "안 돼!"라고 말한다.

word n 문자, 말, 단어

word 문자, 말, 단어
world 세계

Words travel around the world.
말은 전 세계를 여행한다.

Topic 35

Check List
1 ☐ 2 ☐ 3 ☐ 4 ☐ 5 ☐

Other Verbs
기타 동사

feel v 느끼다

feel 느끼다
heel 뒤꿈치

I can feel a heel on my foot.
나는 신발 굽이 내 발등을 밟고 있는 것을
느낄 수 있다.

hear Ⅴ 듣다

<u>hear</u> 듣다
<u>heart</u> 심장

The doctor can hear the beat of her heart.
의사는 그녀의 심장 박동소리를 들을 수 있다.

look Ⅴ 보다

<u>look</u> 보다
<u>cook</u> 요리사

People often look at the new cook.
사람들은 종종 새로운 요리사를 본다.

Topic

35

| 기타 동사 Other Verbs |

see Ⅴ 보다

<u>see</u> 보다
<u>bee</u> 벌

I see a bee.
나는 벌을 본다.

smell Ⅴ 냄새가 나다

<u>smell</u> 냄새가 나다
<u>small</u> 작은

It is small but it smells badly.
그것은 작지만 심하게 냄새가 난다.

sound Ⅴ ~처럼 들리다

<u>sound</u> ~처럼 들리다
<u>wound</u> 상처를 입히다

He sounds like he is wounded.
그가 상처를 입은 것처럼 들린다.

taste ☑ 맛이 나다

taste 맛이 나다
waste 낭비하다

Don't waste it. It tastes good.
낭비하지 마세요. 그것은 맛이 아주 좋아요.

end ☑ 끝나다

end 끝나다
weekend 주말

The rain will end this weekend.
그 비는 이번 주말에 그칠 것이다.

finish ☑ 끝내다

finish 끝내다
fish 물고기

He finally finished the fish drawing.
그는 마침내 물고기 그림을 완성했다.

forget ☑ 잊다

forget 잊다
for ~을 위해 / get 사다, 갖다

He didn't forget to get a ring for her.
그는 그녀를 위한 반지를 사는 것을 잊지 않았다.

guess ☑ 추측하다

guess 추측하다
guest 손님

Guess who are our guests?
우리의 손님이 누구인지 추측해보시겠어요?

believe ☑ 믿다

believe 믿다
lie 거짓말하다

I believe she lied.
나는 그녀가 거짓말을 했다고 믿는다.

smile ☑ 웃다

smile 웃다
mile 마일

You can see his smile from a mile away.
당신은 그의 미소를 1마일 떨어진 곳에서 볼 수 있다.

cry ☑ 울다

cry 울다
try 노력하다

I'll try not to cry.
나는 울지 않으려고 노력할 것이다.

Topic

35

| 기타 동사 Other Verbs |

hate ☑ 싫어하다

hate 싫어하다
late 늦다

He hates to be late.
그는 늦는 것을 싫어한다.

hope ☑ 바라다

hope 바라다
rope 밧줄

He hopes he has a rope.
그는 그가 밧줄을 갖기를 바란다.

know ⓥ 알다

<u>know</u> 알다
<u>know</u>ledge 지식

I know a bird of knowledge.
나는 지식의 새를 안다.

love ⓥ 사랑하다

<u>love</u> 사랑하다
<u>move</u> 이사하다

He loves to move.
그는 이사하는 것을 매우 좋아한다.

mind ⓥ 상관하다

<u>mind</u> 상관하다
<u>wind</u> 바람

She doesn't mind the wind.
그녀는 바람을 상관하지 않는다.

need ⓥ 필요하다

<u>need</u> 필요하다
<u>knee</u> 무릎

He needs help for his knee.
그는 그의 무릎에 도움이 필요하다.

remember ⓥ 기억하다

<u>remember</u> 기억하다
<u>member</u> 일원

Do you remember these members?
당신은 이 일원들을 기억하나요?

surprise Ⓥ 놀라게 하다

surprise 놀라게 하다

sure 확신하는

I am sure she was
surprised.
나는 그녀가 놀랐을 것이라고 확신한다.

swing Ⓥ 흔들리다

swing 흔들리다

swim 수영하다

Billy likes to swim. Jimmy
likes to swing.
Billy는 수영하는 것을 좋아한다. Jimmy는 그
네 타는 것을 좋아한다.

think Ⓥ 생각하다

think 생각하다

thank 감사하다

I think it is trying to thank
him.
나는 그것이 그에게 감사하려고 노력하고
있다고 생각한다.

Topic
35

| 기타 동사 Other Verbs |

want Ⓥ 원하다

want 원하다

pants 바지

He doesn't want to wear
pants.
그는 바지 입는 것을 원치 않는다.

wish Ⓥ 희망하다

wish 희망하다

fish 물고기

He wishes he could catch a
big fish.
그는 큰 물고기를 잡을 수 있기를 희망한다.

worry ⓥ 걱정하다

worry 걱정하다

sorry 미안한

"I'm sorry." "Don't worry."
"미안해요." "걱정 말아요."

sorry ⓐ 미안한

sorry 미안한

worry 걱정하다

"I'm sorry." "Don't worry."
"미안해요." "걱정 말아요."

act ⓥ 연기하다

act 연기하다

actress 여배우

This actress is not acting.
이 여배우는 연기하고 있지 않다.

blow ⓥ 불다

blow 불다

slow 느린

It blows the balloon very slow.
그것은 아주 느리게 풍선을 분다.

bow ⓥ 절하다

bow 절하다

blow 날리다, 불다

He bows, blows smoke and leaves.
그는 고개 숙여 인사를 하고 연기를 뿜으며 떠나갔다.

break ⓥ 부수다

<u>break</u> 부수다

<u>bread</u> 빵

He breaks the bread in two.
그는 빵을 두 조각으로 부순다.

bring ⓥ 가져오다

<u>bring</u> 가져오다

<u>ring</u> 반지

He didn't forget to bring her a ring.
그는 그녀에게 반지를 가져오는 것을 잊지 않았다.

brush ⓥ 칫솔질을 하다

<u>brush</u> 칫솔질을 하다

<u>rush</u> 급한 움직임

He brushes his teeth in a rush.
그는 서둘러 이를 닦는다.

Topic

35

| 기타동사 Other Verbs |

carry ⓥ 나르다

<u>carry</u> 나르다

<u>Larry</u> Larry(사람 이름)

Larry is carrying some flowers.
Larry는 꽃 몇 송이를 나르고 있다.

catch ⓥ 잡다

<u>catch</u> 잡다

<u>match</u> 성냥

He catches the match on time.
그는 딱 정확하게 성냥을 잡는다.

225

cheat ☑ 속이다

cheat 속이다

eat 먹다

He cheated at the eating contest.
그는 먹기 대회에서 속였다.

choose ☑ 고르다

choose 고르다

cheese 치즈

It chooses a special cheese.
그것은 특별한 치즈를 고른다.

clap ☑ 박수를 치다

clap 박수를 치다

map 지도

That man clapped on a map.
그 남자는 지도를 펼쳤다.

close ☑ 닫다

close 닫다

clothes 옷

The clothes shop is closed.
그 옷 매장은 문이 닫혔다.

Billy!

come ☑ 오다

come 오다

home 집

Billy, come home now!
Billy, 지금 집에 오렴!

collect Ⅴ 모으다

collect 모으다

correct 올바른

It is not correct to collect stamps this way.
이런 방법으로 우표를 모으는 것은 옳지 않다.

copy Ⅴ 복사하다

copy 복사하다

cop 경찰관

This cop is copying something.
이 경찰관은 무언가를 복사하고 있다.

count Ⅴ 세다

count 세다

country 나라

He comes to this country to count sheep.
그는 양을 세기 위해 이 나라에 온다.

Topic

35

| 기타 동사 Other Verbs |

cover Ⅴ 가리다, 씌우다

cover 가리다, 씌우다

discover 발견하다

We discovered that someone covered the tower.
우리는 누군가가 타워를 가린 것을 발견했다.

cut Ⅴ 자르다

cut 자르다

but 하지만

But now, who can cut this cake?
하지만 이제, 누가 이 케이크를 자를 수 있나요?

dig ⓥ 파다

di<u>g</u> 파다

pi<u>g</u> 돼지

He is digging a big hole for his pig.
그는 그의 돼지를 위해 큰 구멍을 파고 있다.

drop ⓥ 내려주다, 떨어뜨리다

<u>drop</u> 내려주다, 떨어뜨리다

<u>rope</u> 밧줄

Someone dropped him a rope.
누군가가 그에게 밧줄을 내려주었다.

enter ⓥ 들어가다

<u>enter</u> 들어가다

c<u>enter</u> 중심

They want to enter the shopping center.
그들은 그 쇼핑센터에 들어가기를 원한다.

feed ⓥ 먹을 것을 주다

<u>fee</u>d 먹을 것을 주다

<u>fee</u> 요금

You need to pay the fee to feed cows.
소들에게 먹이를 주기 위해서는 요금을 내야 한다.

fight ⓥ 싸우다

f<u>ight</u> 싸우다

l<u>ight</u> 빛

They fight for the light.
그들은 빛을 위해 싸운다.

follow ⓥ 따라가다

follow 따라가다
pillow 베개

He follows his yellow pillow.
그는 그의 노란색 베개를 따라간다.

fry ⓥ 굽다

fry 굽다
try 시도하다

He tried to fry a chicken.
그는 치킨을 굽는 것을 시도했다.

leave ⓥ 떠나다

leave 떠나다
have to ~해야 한다

I have to leave.
나는 떠나야만 한다.

Topic

35

기타 동사 Other Verbs

go ⓥ 가다

go 가다
to ~해야 한다

You need to go.
당신은 가야만 한다.

hang ⓥ 매달리다

hang 매달리다
hand 손

He hangs on a tree with one hand.
그는 한 손으로 나무에 매달린다.

help ⓥ 도와주다

help 도와주다
helpful 도움이 되는

Can you help him? He is not helpful.
당신은 그를 도와줄 수 있나요? 그는 도움이 되지 않아요.

hit ⓥ 치다, 때리다

hit 치다, 때리다
it 그것

She hit it with a book.
그녀는 그것을 책으로 쳤다.

hold ⓥ 잡다

hold 잡다
old 늙은

The old man holds the rope.
노인이 밧줄을 잡는다.

hop ⓥ 깡충 뛰다

hop 깡충 뛰다
hospital 병원

She hops to the hospital.
그녀는 병원으로 깡충 뛰어간다.

hunt ⓥ 사냥하다

hunt 사냥하다
hurt 해를 입히다

He was hurt during the hunting.
그는 사냥하는 동안 다쳤다.

hurry ⓥ 서두르다

hurry 서두르다
Larry Larry(사람 이름)

Larry hurried out.
Larry는 서둘렀다.

jump ⓥ 점프하다, 뛰다

jump 점프하다, 뛰다
camp 텐트, 야영지

They jumped at the camp.
그들은 텐트를 점프해서 넘었다.

kick ⓥ 차다

kick 차다
quick 빠른

He can kick so quick.
그는 매우 빠르게 찰 수 있다.

Topic

35

| 기타 동사 Other Verbs |

knock ⓥ 두드리다

knock 두드리다
cock 수탉

He knocks down the cock at dawn.
그는 새벽에 수탉을 친다.

kill ⓥ 죽이다

kill 죽이다
will ~할 것이다

He will kill it.
그는 그것을 죽일 것이다.

kiss ⓥ 입을 맞추다

kiss 입을 맞추다
Miss ~양, ~씨

It tries to kiss Miss S.
그것은 S 양에게 입을 맞추려고 한다.

miss ⓥ 놓치다

miss 놓치다
kiss 키스하다, 입을 맞추다

It missed the kiss.
그것은 키스하는 것을 놓쳤다.

laugh ⓥ 웃다

laugh 웃다
cough 기침하다

He is not laughing, he is coughing.
그는 웃는 것이 아니라 기침하고 있다.

make ⓥ 만들다

make 만들다
cake 케이크

He makes cakes by the lake.
그는 호수 옆에서 케이크를 만든다.

meet ⓥ 만나다

meet 만나다
feet 발

He meets Big Feet in the woods.
그는 수풀산림에서 Big Feet(북미 서부에 살고 있는 것으로 여겨지는 온몸이 털로 덮인 원숭이)을 만난다.

move ⓥ 옮기다

move 옮기다
love 사랑하다

He loves to move.
그는 이사하는 것을 매우 좋아한다.

nod ⓥ 끄덕이다

nod 끄덕이다
not 아닌

He cannot nod.
그는 끄덕일 수 없다.

Topic
35

기타동사 Other Verbs

open ⓥ 열다

open 열다
pen 펜

He opens it to get a pen.
그는 펜을 갖기 위해 그것을 연다.

pack ⓥ (짐을) 싸다

pack (짐을) 싸다
back 등

He packed his plant and carried on his back.
그는 그의 식물을 싸서 등에 지고 날랐다.

paste ⓥ 풀로 붙이다

paste 풀로 붙이다
taste 맛보다

It tasted the pasted bug.
그것은 풀로 붙인 벌레를 맛보았다.

pick ⓥ 고르다, 선택하다

<u>pick</u> 고르다
<u>sick</u> 병든

He picked a sick fish.
그는 병든 물고기를 골랐다.

plant ⓥ 심다

<u>plant</u> 심다
<u>ant</u> 개미

An ant plants a cake.
개미가 케이크를 심는다.

pull ⓥ 당기다

<u>pull</u> 당기다
<u>push</u> 밀다

Both of them are pulling the door.
그들 둘 다 문을 당기고 있다.

push ⓥ 밀다

<u>push</u> 밀다
<u>pull</u> 당기다

Both of them are pushing the door.
그들 둘 다 문을 밀고 있다.

put ⓥ 놓다, 넣다

<u>put</u> 놓다
<u>pet</u> 애완동물

He put all his pets together.
그는 그의 모든 애완동물을 함께 놓았다.

rise v 오르다

rise 오르다

rice 쌀

The price of the rice has risen.
쌀값이 올랐다.

roll v 굴리다

roll 굴리다

doll 인형

This doll can roll her eyes.
이 인형은 그녀의 눈을 굴릴 수 있다.

Topic

35

| 기타동사 Other Verbs |

rest v 쉬다

rest 쉬다

interested 흥미 있는

He is interested in rest, and watching TV.
그는 휴식을 하면서 TV 보는 것에 흥미가 있다.

shout v 소리 지르다

shout 소리 지르다

out 밖에

He went out and shouted.
그는 밖으로 나가서 소리를 질렀다.

smoke v 담배를 피우다

smoke 담배를 피우다

choke 숨이 막히다

He was choked by smoking.
그는 담배로 인하여 숨이 막혔다.

sign Ⅴ 서명하다

sign 서명하다

design 디자인하다

He signed on the art he designed.
그는 그가 디자인한 작품에 서명을 했다.

stand Ⅴ 서다

stand 서다

stamp 우편

Two people stand near a stamp stand.
두 사람이 우표 가판대 가까이에 서있다.

take Ⅴ 가져가다

take 가져가다

cake 케이크

No one wants to take the cake.
아무도 그 케이크를 가져가고 싶어 하지 않는다.

tell Ⅴ 말하다

tell 말하다

bell 종

He tells me someone rings the bell.
누군가가 종을 울린다고 그가 나에게 말한다.

throw Ⅴ 던지다

throw 던지다

below 아래에

She throws a ball to the man below.
그녀는 아래에 있는 남자에게 공을 던진다.

touch ☑ 만지다

touch 만지다
couch 소파

Don't touch coach's couch.
코치의 소파를 만지지 마세요.

type ☑ 타자 치다

type 타자 치다
pipe 파이프

He types with a pipe.
그는 파이프로 타자를 친다.

use ☑ 사용하다

use 사용하다
us 우리에게

He showed us how to use the shower.
그는 샤워기를 어떻게 사용하는지 우리에게 보여주었다.

Topic

35

| 기타동사 Other Verbs |

walk ☑ 걷다

walk 걷다
talk 말하다

He couldn't walk nor talk.
그는 걸을 수도 말할 수도 없었다.

wave ☑ (손을) 흔들다

wave (손을) 흔들다
cave 동굴

The man next to the cave is waving.
동굴 옆에 있는 남자가 손을 흔들고 있다.

237

mop ☑ 대걸레로 닦다

mop 대걸레로 닦다
mom 엄마

His mom mops the floor.
그의 엄마는 바닥을 대걸레로 닦는다.

agree ☑ 동의하다

agree 동의하다
degree 도(℃)

He agreed to go out in zero degrees.
그는 0도의 날씨에 외출하는 것을 동의했다.

appear ☑ 나타나다

appear 나타나다
pear 배

Something appears from the pear.
배에서 무언가가 나타난다.

attack ☑ 공격하다

attack 공격하다
back 뒤쪽

The dog attacks him from his back.
개가 그의 뒤쪽에서 그를 공격한다.

become ☑ ~이 되다

become ~이 되다
bee 벌

The bee and the fly have become friends.
벌과 파리는 친구가 되었다.

begin ☑ 시작하다

begin 시작하다
beg 간청하다 / in ~안에

I beg you to come in.
It begins to rain.
나는 당신이 안으로 들어오길 바란다.
비가 오기 시작한다.

belong ☑ ~에 속하다

belong ~에 속하다
long 긴

This long truck belongs to
her.
이 긴 트럭은 그녀의 것이다.

plan ☑ 계획하다

plan 계획하다
planet 행성

Janet plans to find a new
planet.
Janet은 새로운 행성을 찾기로 계획한다.

Topic

35

| 기타 동사 Other Verbs |

call ☑ 전화하다

call 전화하다
mall 쇼핑 몰

She called him from the
mall.
그녀는 쇼핑몰에서 그에게 전화를 했다.

care ☑ 돌보다

care 돌보다
careful 조심하는

Be careful! Take care!
조심하세요! 몸 건강하세요!

check ☑ 확인하다

check 확인하다
chick 병아리

She checks her chicks every morning.
그녀는 매일 아침 그녀의 병아리들을 확인한다.

decide ☑ 결정하다

decide 결정하다
beside 옆에

He decided to sit beside her.
그는 그녀의 옆에 앉기로 결정했다.

die ☑ 죽다

die 죽다
pie 파이

A rat died after eating the pie.
쥐는 파이를 먹은 후에 죽었다.

enjoy ☑ 즐기다

enjoy 즐기다
toy 장난감

This boy enjoys playing with his toy.
이 소년은 장난감을 가지고 노는 것을 즐긴다.

fall ☑ 떨어지다

fal 떨어지다
ball 공

Many balls are falling from the sky.
많은 공들이 하늘에서 떨어지고 있다.

fill v 채우다

fill 채우다

film 영화

This film is filled with fears
and tears.
이 영화는 두려움과 눈물로 가득 차있다.

find v 발견하다, 찾다

find 발견하다

wind 바람

I find the wind is strong
today.
나는 오늘 바람이 세다는 것을 안다.

Topic

35

| 기타 동사 Other Verbs |

get v 받다

get 받다

wet 젖다

Don't get wet.
젖지 마세요.

give v 주다

give 주다

live 거주하다

He gives him a place to
live.
그는 그에게 거주할 장소를 준다.

happen v 발생하다

happen 발생하다

pen 펜

What happened to your
pen?
당신의 펜에 무슨 일이 일어났나요?

hide ▣ 숨다

hide 숨다

side 옆

He hides at the right side of the sidewalk.

그는 인도 오른쪽 편에 숨는다.

hurt ▣ 다치게 하다

hurt 다치게 하다

hunt 사냥하다

He was hurt during the hunting.

그는 사냥하는 동안 다쳤다.

invite ▣ 초대하다

invite 초대하다

in ~안에 / it 그것

It is not being invited in the house.

그것은 그 집에 초대받지 못하고 있다.

join ▣ 결합하다, 합쳐지다

join 결합하다

Jolin Jolin(사람 이름)

Joan Joan(사람 이름)

Jolin and Joan join in the air.

Jolin과 Joan은 공중에서 결합한다.

keep ▣ 기르다, 유지하다

keep 기르다, 유지하다

shopkeeper 가게 주인

This shopkeeper keeps a big dog.

이 가게 주인은 큰 개를 기른다.

lead ⓥ 이끌다

lead 이끌다
read 읽다

He leads the class to read.
그는 반 학생들이 독서를 하도록 이끈다.

let ⓥ ~을 하도록 허락하다

let ~을 하도록 허락하다
bet 내기하다

Let's bet.
내기하자.

lie ⓥ 거짓말하다

lie 거짓말하다
tie 넥타이

She lies about the tie.
그녀는 넥타이에 대해 거짓말을 한다.

Topic

35

| 기타 동사 Other Verbs |

mean ⓥ 의미하다

mean 의미하다
bean 콩

He lost to a bean? What do you mean?
그가 콩에게 졌다고요? 그게 무슨 말이죠?

notice ⓥ 알아차리다

notice 알아차리다
ice 얼음

He didn't notice the ice was moving.
그는 얼음이 움직이고 있다는 걸 알아차리지 못했다.

own ⓥ 소유하다

<u>own</u> 소유하다
<u>t</u>ow<u>n</u> 마을

He owns a shop in this town.
그는 이 마을에 가게 하나를 소유하고 있다.

please ⓥ 부디, 제발

<u>p</u>lea<u>se</u> 부디, 제발
<u>p</u>oli<u>ce</u> 경찰

Please take me to the police station.
제발 저를 경찰서로 데려가 주세요.

pray ⓥ 기도하다

<u>pr</u>ay 기도하다
<u>pl</u>ay 경기하다

He likes to pray before he plays.
그는 경기하기 전에 기도하는 것을 좋아한다.

prepare ⓥ 준비하다

<u>prepare</u> 준비하다
<u>pre</u>sent 선물

He is preparing a present for her.
그는 그녀를 위해 선물을 준비하고 있다.

raise ⓥ 올리다

<u>raise</u> 올리다
<u>p</u>raise 찬미하다, 칭찬하다

He raised his hand and praised her.
그는 그의 손을 올려 그녀를 찬미했다.

save ⓥ 구하다

<u>save</u> 구하다

<u>cave</u> 동굴

The caveman saved him.
원시인이 그를 구했다.

sell ⓥ 팔다

<u>sell</u> 팔다

<u>spell</u> 철자를 쓰다

Do you know how to spell "sell"?
당신은 "sell"의 철자를 어떻게 쓰는지 아시나요?

Topic

35

| 기타동사 Other Verbs |

send ⓥ 보내다

<u>sent</u> 보내다

<u>cent</u> 센트

My friend sent me one cent.
내 친구가 나에게 1센트를 보냈다.

share ⓥ 공유하다, 나누다

<u>share</u> 공유하다, 나누다

<u>are</u> ~이다

They are sharing a pair of scissors.
그들은 가위 한 쌍을 공유하고 있다.

show ⓥ 보여주다

<u>show</u> 보여주다

<u>shower</u> 샤워기 / <u>how</u> 어떻게

He showed us how to use the shower.
그는 샤워기를 어떻게 사용하는 것인지 우리에게 보여주었다.

coach

sit Ⅴ 앉다

sit 앉다
it 그것

You can't sit on it.
당신은 그 위에 앉을 수 없다.

sleep Ⅴ 자다

sleep 자다
sheep 양

A sheep is sleeping.
양 한 마리가 자고 있다.

이 그림은 반드시 우리집으로 가져가야겠어.

start Ⅴ 시작하다

start 시작하다
art 예술

He starts to like art.
그는 예술을 좋아하기 시작한다.

계세요?

5성 hotel

stay Ⅴ 머무르다

stay 머무르다
star 별

He stayed at a five star hotel.
그는 5성급 호텔에서 머물렀다.

stop Ⅴ 멈추다

stop 멈추다
top 꼭대기

His balloon stopped at the top of a building.
그의 풍선은 빌딩의 꼭대기에서 멈췄다.

thank ☑ 감사하다

thank 감사하다
think 생각하다

I think it is trying to thank him.
난 그것이 그에게 감사함을 표시하려 노력한다고 생각한다.

treat ☑ 취급하다, 다루다

treat 취급하다, 다루다
tree 나무

It treats her as a tree.
그것은 그녀를 나무로 취급한다.

Topic

35

| 기타동사 Other Verbs |

try ☑ 노력하다

try 노력하다
cry 울다

I'll try not to cry.
나는 울지 않으려고 노력할 것이다.

visit ☑ 방문하다

visit 방문하다
is ~이다 / it 그것

Is it a good time to visit?
방문하기 좋은 시간인가요?

wait ☑ 기다리다

wait 기다리다
bait 미끼

He puts on the bait and waits.
그는 미끼를 넣고 기다린다.

wake ⓥ 일어나다

<u>wa</u>ke 일어나다

<u>ma</u>ke 만들다

She wakes up early to make coffee.
그녀는 커피를 끓이기 위해 일찍 일어난다.

Other Adjectives
기타 형용사

able ⓐ ~할 수 있는

<u>able</u> ~할 수 있는

<u>table</u> 탁자

He is able to fall asleep on this table.
그는 이 탁자에서 잠이 들 수 있다.

afraid
ⓐ 무서워하는, 두려워하는

<u>afraid</u> 무서워하는, 두려워하는

<u>said</u> 말했다

He said he was not afraid of bears.
그는 곰을 무서워하지 않는다고 말했다.

bright ⓐ 똑똑한, 밝은

<u>bright</u> 똑똑한, 밝은

<u>right</u> 오른쪽

The girl on the right is very bright.
오른쪽에 있는 그 소녀는 매우 똑똑하다.

certain ⓐ 특정한, 확실한

certain 특정한, 확실한
curtain 커튼

She likes a certain kind of curtain.
그녀는 특정한 종류의 커튼을 좋아한다.

clean ⓐ 깨끗한

clean 깨끗한
clear 분명한

This street is clean and clear.
이 길은 깨끗하고 분명하다.

common ⓐ 흔한

common 흔한
come 오다

Come on, it is a common question.
자, 그것은 흔한 질문이다.

convenient ⓐ 편리한

convenient 편리한
Venice 베니스

The boat is convenient in Venice.
보트는 베니스에서 편리하다.

correct ⓐ 옳은, 정확한

correct 옳은, 정확한
collect 모으다

It is not correct to collect stamps this way.
이런 방법으로 우표를 모으는 것은 옳지 않다.

Topic

36

| 기타 형용사 Other Adjectives |

249

dagerous a 위험한

dangerous 위험한

danger 위험

He is in danger. The shark is dangerous.

그는 위험에 처해있다. 상어는 위험하다.

dark a 어두운

dark 어두운

park 공원

This park is dark.

이 공원은 어둡다.

dead a 죽은

dead 죽은

dear 사랑하는

She put her dead dear deer on the wall.

그녀는 사랑하는 죽은 사슴을 벽에 걸었다.

dear a 사랑하는

dear 사랑하는

dead 죽은

She put her dead dear deer on the wall.

그녀는 사랑하는 죽은 사슴을 벽에 걸었다.

difficult a 어려운

difficult 어려운

different 다른

This door is difficult to open.

이 문은 열기 어렵다.

different a 다른

different 다른
difficult 어려운

You should open in a
different way.
당신은 다른 방법으로 문을 열어야 한다.

dirty a 더러운

dirty 더러운
thirty 30의

She washed thirty pairs of
dirty socks.
그녀는 더러운 양말 30켤레를 빨았다.

easy a 쉬운

easy 쉬운
east 동쪽

It is easy to sail to the east.
동쪽으로 항해하는 것은 쉽다.

else a 그 밖에

else 그 밖에
elephant 코끼리

"What else do you need?"
"I need an elephant."
"그밖에 또 무엇이 필요합니까?"
"나는 코끼리가 필요합니다."

Topic
36

| 기타 형용사 Other Adjectives |

enough a 충분한

enough 충분한
cough 기침하다

He has coughed enough
today.
그는 오늘 기침을 많이 했다.

excellent a 멋진, 훌륭한

excellent 멋진, 훌륭한
cell phone 휴대전화

I have some excellent cell phones.
나는 성능이 우수한 휴대전화 몇 대를 갖고 있다.

favorite
a 매우 좋아하는

favorite 매우 좋아하는
flavor 맛

This is my favorite flavor.
이것은 내가 매우 좋아하는 맛이다.

fine a 질이 좋은

fine 질이 좋은
wine 와인

This is fine wine.
이것은 질이 좋은 와인이다.

foreign a 외국의

foreign 외국의
foreigner 외국인

This foreigner speaks a foreign language.
이 외국인은 외국어를 말한다.

free a 무료의, 자유로운

free 무료의, 자유로운
tree 나무

These Christmas trees are free.
이 크리스마스 나무는 무료이다.

fresh ⓐ 신선한

fresh 신선한
fish 물고기

This fish is fresh.
이 물고기는 신선하다.

glad ⓐ 기쁜

glad 기쁜
sad 슬픈

Are they glad or sad?
그들이 기쁜가요, 아님 슬픈가요?

great ⓐ 아주 좋은

great 아주 좋은
grape 포도

These grapes are great.
이 포도는 아주 좋다.

Topic
36

기타 형용사 Other Adjectives

helpful ⓐ 도움이 되는

helpful 도움이 되는
help 도와주다

Can you help him? He is not helpful.
당신은 그를 도와줄 수 있나요? 그는 도움이 되지 않아요.

important ⓐ 중요한

important 중요한
import 수입하다

This country imported an important thing.
이 나라는 중요한 것을 수입했다.

interesting a 흥미로운

interesting 흥미로운

rest 휴식

Taking a rest is an interesting thing.
휴식을 취하는 것은 흥미로운 일이다.

loud
a 큰 소리를 내는, 시끄러운

loud 큰 소리를 내는, 시끄러운

cloudy 흐린

This wolf is loud at cloudy night.
이 늑대는 흐린 밤에 큰 소리를 낸다.

lucky a 행운의

lucky 행운의

Lucy Lucy(사람 이름)

Lucy is not very lucky today.
Lucy는 오늘 그리 운이 좋지 않다.

magic a 마법의

magic 마법의

Maggie Maggie(사람 이름)

It is a magic moment for Maggie.
그것은 Maggie에게 마법의 순간이다.

modern a 현대의

modern 현대의

model 모델

This model wears modern clothes.
이 모델은 현대적인 옷을 입고 있다.

national
a 국제적인, 국가의

national 국제적인, 국가의
Nat Nat(사람 이름)

Nat's accident became national news.
Nat의 사고는 국제적인 뉴스가 되었다.

new a 새로운

new 새로운
a few 조금

I made a few new friends.
나는 몇 명의 새로운 친구를 사귀었다.

only a 유일한

only 유일한
on ~에

It is the only animal on the boat.
그것은 보트에 있는 유일한 동물이다.

popular a 인기 있는

popular 인기 있는
pop 팝(뮤직)

He is not a popular pop singer.
그는 인기 있는 팝가수가 아니다.

possible a 가능한

possible 가능한
boss 상사

It's possible that he is my boss.
그가 나의 상사라는 것은 가능하다.

quiet [a] 조용한

quiet 조용한
quite 상당히

He is quite quiet.
그는 상당히 조용하다.

ready [a] 준비가 된

ready 준비가 된
read 읽다

He is ready to read.
그는 읽을 준비가 되어 있다.

real [a] 진짜의

real 진짜의
seal 물개

It is a real seal.
이것은 진짜 물개이다.

safe [a] 안전한

safe 안전한
same (똑)같은

They are in the same safe place.
그들은 똑같은 안전한 장소에 있다.

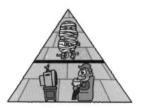

same [a] (똑)같은

same (똑)같은
safe 안전한

They are in the same safe place.
그들은 똑같은 안전한 장소에 있다.

scared ⓐ 무서워하는

scared 무서워하는

care 돌봄

Are you scared? I will take care of you.
무섭나요? 내가 당신을 돌봐줄게요.

serious ⓐ 진지한, 심각한

serious 진지한, 심각한

curious 호기심이 많은

He is curious about this serious man.
그는 이 진지한 남자에 대해 호기심이 많다.

sharp ⓐ 날카로운

sharp 날카로운

share 공유하다

They share a pair of sharp scissors.
그들은 날카로운 한 쌍의 가위를 공유한다.

simple ⓐ 간단한

simple 간단한

example 예시

This is a simple example.
이것은 간단한 예시이다.

special ⓐ 특별한

special 특별한

speak 말하다

They speak a special language.
그들은 특별한 언어를 말한다.

Topic

36

| 기타 형용사 Other Adjectives |

strange ⓐ 이상한

strange 이상한

strong 힘이 센, 강한

This man is strong and strange.
이 남자는 힘이 세고 이상하다.

sure ⓐ 확신하는

sure 확신하는

surf 서핑을 하다

Are you sure you can surf?
당신이 서핑을 할 수 있다고 확신하나요?

surprised ⓐ 놀란

surprised 놀란

sure 확신하는

I'm sure she was surprised.
나는 그녀가 놀랐다는 것을 확신한다.

terrible ⓐ 끔찍한

terrible 끔찍한

horrible 소름끼치는

It is terrible and horrible.
그것은 끔찍하고 소름끼친다.

thick ⓐ 두꺼운

thick 두꺼운

brick 벽돌

This is a thick brick.
이것은 두꺼운 벽돌이다.

tidy · ⓐ 깔끔한

tidy 깔끔한
tiny 아주 작은

Its tiny room is very tidy.
이 아주 작은 방은 매우 깔끔하다.

true · ⓐ 사실인

true 사실인
truck 트럭

It is true that he can pull a truck.
그가 트럭을 끌 수 있다는 것은 사실이다.

useful · ⓐ 유용한

useful 유용한
beautiful 멋진

These shoes are beautiful and useful.
이 신발은 멋지고 유용하다.

wonderful · ⓐ 아주 멋진

wonderful 아주 멋진
wonder 궁금하다

I wonder who lives in this wonderful house.
나는 이 멋진 집에 누가 사는지 궁금하다.

Topic

36

| 기타 형용사 Other Adjectives |

wrong · ⓐ 엉뚱한, 틀린

wrong 엉뚱한, 틀린
strong 힘이 센, 강한

The strong man hit the wrong person.
그 힘센 남자는 엉뚱한 사람을 쳤다.

Other Adverbs
기타 부사

always ad 항상

always 항상
away 떨어져

He is always far away.
그는 항상 멀리 떨어져 있다.

ever ad 한번이라도

ever 한번이라도
never 절대 ~않다

I never ever had a fever.
나는 단 한 번도 열이 난 적이 없다.

hard ad 열심히

hard 열심히
yard 마당

He works hard in the yard.
그는 마당에서 열심히 일한다.

never ad 절대 ~않다

never 절대 ~않다
fever 열

I never have a fever.
나는 절대 열이 나지 않는다.

often ad 자주

<u>often</u> 자주
<u>of</u> ~의

One of his friends often exercises.
그의 친구 중의 한 명은 자주 운동한다.

seldom ad 거의 ~않는

<u>seldom</u> 거의 ~않는
king<u>dom</u> 왕국

Accidents seldom happen in this kingdom.
이 왕국에서는 사고가 거의 일어나지 않는다.

sometimes
ad 때때로, 가끔

<u>sometimes</u> 때때로, 가끔
<u>some</u> 조금 / <u>time</u> 시간

He finds some money sometimes.
그는 때때로 약간의 돈을 발견한다.

usually ad 대개

<u>usually</u> 대개
<u>usual</u> 보통의

She usually shops at night.
She is shopping, as usual.
그녀는 대개 밤에 쇼핑한다.
그녀는 평상시처럼 쇼핑을 하고 있다.

Topic

37

| 기타 부사 Other Adverbs |

again ad 다시

<u>again</u> 다시
<u>rain</u> 비

This dog is dancing in the rain again.
개가 빗속에서 다시 춤을 추고 있다.

261

too ad 너무 ~한

<u>too</u> 너무 ~한
<u>too</u>th 치아

His tooth is too big.
그의 치아는 너무 크다.

also ad 또한

<u>also</u> 또한
<u>so</u>n 아들

Her son is singing also.
그녀의 아들 또한 노래를 부르고 있다.

away ad 떨어져

<u>away</u> 떨어져
<u>alway</u>s 항상

He is always far away.
그는 항상 멀리 떨어져 있다.

almost ad 거의

<u>almost</u> 거의
<u>most</u> 가장

The cake is almost gone. It
is a most delicious cake.
케이크가 거의 다 없어졌다. 그것은 가장
맛있는 케이크다.

finally ad 마침내

<u>finally</u> 마침내
<u>fin</u>ish 완성하다

He finally finished the fish
drawing.
그는 마침내 물고기 그림을 완성했다.

just ad 좀, 단지

just 좀
must ~해야 한다

"We must go!"
"Just a moment!"
"우리는 가야만 해요!" "잠시만요!"

least ad 최소로

least 최소로
beast 짐승, 야수

This beast is dead at least.
이 짐승은 최소한 죽어 있다.

maybe ad 아마

maybe 아마
May 5월 / be ~이다

Maybe she will be married
in May.
아마 그녀는 5월에 결혼할 것이다.

perhaps ad 아마

perhaps 아마
person 사람

Perhaps that person is
happy.
아마도 저 사람은 행복할 것이다.

Topic

37

기타 부사 Other Adverbs

really ad 정말

really 정말
real 진짜의

"It is a real seal." "Really?"
"그것은 진짜 물개입니다." "정말요?"

so ad ～도 또한

so ～도 또한
son 아들

She sings; so does her son.
그녀가 노래한다. 그녀의 아들 또한 노래한다.

still ad 아직도

still 아직도
ill 아픈

Is he still ill?
그는 아직도 아픈가요?

then ad 그때

then 그때
them 그들

Someone visited them then.
그때 누군가가 그들을 방문했다.

together ad 함께

together 함께
to ～로 / get 도착하다 / her 그녀의

To get her back, we need to work together.
그녀가 다시 돌아오도록 하기 위해 우리는 함께 힘을 합쳐야 한다.

twice ad 두 번

twice 두번
ice 얼음

They eat ice cream twice a week.
그들은 일주일에 두 번 아이스크림을 먹는다.

very ad 매우

<u>very</u> 매우
<u>every</u> 매

He eats a very big fish
every week.
그는 매주 매우 큰 물고기를 먹는다.

quite ad 상당히

<u>quite</u> 상당히
<u>quiet</u> 조용한

He is quite quiet.
그는 상당히 조용하다.

yet ad 이제

<u>yet</u> 이제
<u>yes</u> 네

"Are you ready yet?"
"Yes! I am."
"이제 준비되었나요?" "네! 준비되었어요."

abroad
ad 외국에서, 해외로

<u>abroad</u> 외국에서
<u>road</u> 도로

He lay on a road abroad.
그는 외국에서 도로 위에 누웠다.

ahead ad 앞으로

<u>ahead</u> 앞으로
<u>head</u> 머리

There is a head ahead of
them.
머리가 가장 앞에 있다.

Topic

37

| 기타 부사 Other Adverbs |

265

somewhere
ad 어딘가에서

somewhere 어딘가에서
some 조금의 / where 어디

He found some money somewhere.
그는 어딘가에서 조금의 돈을 발견했다.

either **ad** ~도 그렇다

either ~도 그렇다
it 그것 / her 그녀

It didn't do it, her dog didn't either.
그것이 그렇게 하지 않았고, 그녀의 개도 역시 그렇게 하지 않았다.

no **ad** 아니

no 아니
now 지금

"Do it now!" "No!"
"지금 하세요!" "안 돼요!"

not **ad** ~아니다

not ~아니다
nut 견과

We are not nuts. We are peanuts.
우리는 견과가 아니다. 우리는 땅콩이다.

OK **ad** 괜찮은, 네

The O and K say they are OK.
O와 K는 그들이 괜찮다고 말한다.

yes `ad` 네

<u>yes</u> 네
<u>yet</u> 이제

"Are you ready **yet**?"
"**Yes**! I am."
"이제 준비되었나요?" "네! 준비되었어요"

 Tip

동사의 3단 변화

- hurt - hurt - hurt 다치게 하다
- cut - cut - cut 자르다
- cost - cost - cost 비용이 들다
- put - put - put 놓다
- let - let - let 놓아두다
- hit - hit - hit 치다
- read - read - read 읽다
- shut - shut - shut 닫다
- say - said - said 말하다
- pay - paid - paid 지불하다
- sell - sold - sold 팔다
- tell - told - told 말하다
- catch - caught - caught 잡다
- teach - taught - taught 가르치다
- fight - fought - fought 싸우다
- buy - bought - bought 사다
- bring - brought - brought 가져오다
- think - thought - thought 생각하다
- have - had - had 가지다
- hear - heard - heard 듣다
- make - made- made 만들다
- build - built - built 짓다
- lend - lent - lent 빌려주다

Topic

37

| 기타 부사 Other Adverbs |

Tip

동사의 3단 변화

- send - sent - sent 보내다
- spend - spent - spent 쓰다
- dig - dug - dug 파다
- sit - sat - sat 앉다
- get - got - got 가지다
- shoot - shot - shot 쏘다
- lose - lost - lost 잃어버리다
- win - won - won 이기다
- hold - held - held 들다
- feel - felt - felt 느끼다
- keep - kept - kept 유지하다
- sleep - slept - slept 자다
- sweep - swept - swept 쓸다
- leave - left - left 떠나다
- mean - meant - meant 의미하다
- meet - met - met 만나다
- feed - fed - fed 먹이다
- hang - hung - hung 걸다
- stand - stood - stood 서다
- find - found - found 찾다
- beat - beat - beaten 이기다
- run - ran - run 달리다
- come - came - come 오다
- become - became - become ～이 되다
- sing - sang - sung 노래하다
- ring - rang - rung 전화하다
- drink - drank - drunk 마시다
- begin - began - begun 시작하다
- swim - swam - swum 수영하다
- speak - spoke - spoken 말하다

Chapter 2
기초 800 단어

n 명사
v 동사
a 형용사
ad 부사
art 관사
aux 조동사
int 감탄사
pron 대명사
prep 전치사
conj 접속사

People
사람들

adult ⒩ 성인, 어른

adult 성인, 어른

fault 잘못

This is the adult's fault.
이것은 어른의 잘못이다.

angel ⒩ 천사

angel 천사

anger 화

I think this angel is in anger.
나는 천사가 화가 났다고 생각한다.

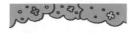

couple ⒩ 한 쌍

couple 한 쌍

apple 사과

This couple found an apple.
이 한 쌍은 사과를 찾았다.

customer ⒩ 손님

customer 손님

custom 관습

To treat customers nicely is our custom.
손님을 친절하게 대하는 것은 우리의 관습이다.

fool n 바보

fool 바보
tool 도구

These two tools are fools.
이 두 개의 도구는 바보다.

genius n 천재

genius 천재
genie 요정, 지니

This genie is a genius.
이 요정은 천재이다.

gentleman n 신사

gentleman 신사
turtle 거북이

This turtle acts like a gentleman.
이 거북이는 신사처럼 행동한다.

guest n 손님

guest 손님
guess 추측하다

Guess who are our guests?
우리의 손님들이 누구인지 추측해보세요.

hero n 영웅

hero 영웅
zero 0, 영

Our hero got a zero.
우리의 영웅은 0점을 받았다.

host ⓝ 주인

host 주인

ghost 유령

The host dresses like a ghost.
그 주인은 유령처럼 옷을 입고 있다.

lady ⓝ 여성

lady 여성

ready 준비가 된

This old lady is ready to drink coffee.
이 나이 든 여성은 커피 마실 준비가 되었다.

male ⓝ 남자 ⓐ 남자의

male 남자의

pale 창백한

This male visitor is pale.
이 남자 방문객은 창백하다.

master ⓝ 주인

master 주인

faster 더 빠른

This dog runs faster than its master.
이 개는 주인보다 더 빨리 달린다.

partner ⓝ 파트너

partner 파트너

apartment 아파트

My partner and I live in the same apartment.
내 파트너와 나는 같은 아파트에 산다.

visitor ⓝ 방문객

visitor 방문객

is ~이다 / it 그것

I have a visitor? Where is it?
내 방문객이 있나요? 어디 있나요?

youth ⓝ 어린 시절

youth 어린 시절

you 너, 당신

What did you usually do in your youth?
당신은 어린 시절에 주로 무엇을 했나요?

Topic 02

Check List

1 ☐ 2 ☐ 3 ☐ 4 ☐ 5 ☐

Personal Characteristics

개인적 특성

chubby ⓐ 통통한

chubby 통통한

rabbit 토끼

Her rabbit is chubby.
그녀의 토끼는 통통하다.

deaf ⓐ 귀가 먹은

deaf 귀가 먹은

leaf 잎

The deaf man can't hear the music of the leaf.
그 귀 먹은 남자는 잎으로 내는 음악 소리를 듣지 못한다.

dumb a 멍청한

dumb 멍청한
thumb 엄지

He did a dumb thing with his thumb.
그는 그의 엄지로 멍청한 짓을 했다.

nice-looking
a 잘생긴

nice-looking 잘생긴
look 보다

This nice-looking guy is looking at me.
잘생긴 남자가 나를 보고 있다.

overweight a 비만의

overweight 비만의
underweight 저체중의

This hippo is overweight.
이 하마는 비만이다.

underweight
a 저체중의

underweight 저체중의
overweight 비만의

This rat is underweight.
이 쥐는 저체중이다.

skinny a 마른

skinny 마른
skin 피부

The skinny girl's skin is green.
마른 소녀의 피부는 초록색이다.

slender ⓐ 날씬한

<u>slender</u> 날씬한
<u>lend</u> 빌려주다

He lends me a slender camel.
그는 나에게 날씬한 낙타를 빌려준다.

ugly ⓐ 못생긴

<u>ugly</u> 못생긴
<u>bug</u> 벌레

It is an ugly bug.
그것은 못생긴 벌레이다.

active ⓐ 활동적인

<u>active</u> 활동적인
<u>actor</u> 배우

This actor is very active.
이 배우는 매우 활동적이다.

brave ⓐ 용감한

<u>brave</u> 용감한
<u>cave</u> 동굴

This caveman is very brave.
이 원시인은 매우 용감하다.

careless ⓐ 부주의한

<u>careless</u> 부주의한
<u>careful</u> 주의 깊은

He is not careful. He is careless.
그는 주의 깊지 않다. 그는 부주의하다.

275

childish ⓐ 어린애 같은

childish 어린애 같은

childlike 순진한

He is either childish or childlike.
그는 어린애 같기도 하고 순진하기도 하다.

childlike ⓐ 순진한

childlike 순진한

childish 어린애 같은

He is either childish or childlike.
그는 어린애 같기도 하고 순진하기도 하다.

41,496

532
×78
=?

clever ⓐ 똑똑한

clever 똑똑한

never 한 번도 ~않다

I have never seen such a clever kid.
나는 그렇게 똑똑한 아이를 한 번도 본 적이 없다.

He.. llo

confident ⓐ 자신감 있는

confident 자신감 있는

considerate 사려 깊은

He is neither confident nor considerate.
그는 자신감도 없고 사려 깊지도 않다.

He.. llo

considerate
ⓐ 사려 깊은, 배려하는

considerate 사려 깊은, 배려하는

confident 자신감 있는

He is neither confident nor considerate.
그는 자신감도 없고 사려 깊지도 않다.

cruel `a` 잔인한

<u>cruel</u> 잔인한
<u>rude</u> 예의 없는

This woman is rude and cruel.
이 여성은 예의 없고 잔인하다.

| 개인적 특성 Personal Characteristics |

curious `a` 호기심이 많은

<u>curious</u> 호기심이 많은
<u>serious</u> 진지한

He is curious about this serious man.
그는 이 진지한 남자에게 호기심이 많다.

diligent `a` 근면한

<u>diligent</u> 근면한
intel<u>ligent</u> 총명한

He is diligent.
그는 근면하다.

intelligent `a` 총명한

intel<u>ligent</u> 총명한
di<u>ligent</u> 근면한

She is intelligent.
그녀는 총명하다.

dishonest
`a` 정직하지 못한

<u>dishonest</u> 정직하지 못한
<u>dish</u> 음식

It is dishonest to steal from another's dish.
남의 음식을 훔치는 것은 정직하지 못한 것이다.

evil ⓐ 사악한

evil 사악한

Eve Eve(사람 이름)

Eve is not an evil woman.
Eve는 사악한 여자가 아니다.

energetic ⓐ 활동적인

energetic 활동적인

get 갖다

He gets energetic with the powder.
그는 가루를 먹으면 기력이 왕성하게 된다.

foolish ⓐ 어리석은

foolish 어리석은

English 영어

It is a foolish way to polish up your English.
이것은 너의 영어를 세련되게 다듬는 어리석은 방법이다.

frank ⓐ 솔직한

frank 솔직한

thank 감사한

I'll be frank with you. You will thank me later.
나는 너에게 솔직할 것이다. 너는 나중에 나에게 고마워할 것이다.

gentle ⓐ 친절한

gentle 친절한

turtle 거북이

This turtle is very gentle.
이 거북이는 매우 친절하다.

generous a 자비로운

generous 자비로운

generally 일반적으로

Generally speaking, he is generous.

일반적으로 말해서, 그는 자비롭다.

greedy a 탐욕스러운

greedy 탐욕스러운

green 초록의

This greedy man has two green bowls.

탐욕스러운 남자는 초록색 그릇 두 개를 갖고 있다.

humble a 겸손한

humble 겸손한

humorous 재미있는, 유머러스한

This humble dog is humorous.

이 겸손한 개는 재미있다.

humorous
a 재미있는, 유머러스한

humorous 재미있는, 유머러스한

humble 겸손한

This humble dog is humorous.

이 겸손한 개는 재미있다.

impolite a 무례한

impolite 무례한

police 경찰

Is this police officer impolite?

이 경찰관은 무례한가요?

jealous a 질투하는

<u>j</u>ea<u>l</u>ous 질투하는

<u>real</u>ly 정말

He is really jealous of this man.
그는 정말 이 남자에 대해 질투를 한다.

naughty a 장난꾸러기인

<u>naugh</u>ty 장난꾸러기인

<u>nigh</u>t 밤

The moon is naughty at night.
달은 밤에 장난꾸러기이다.

nervous a 두려워하는

<u>ner</u>vous 두려워하는

<u>nur</u>se 간호사

He's nervous of nurses.
그는 간호사를 두려워한다.

patient a 참을성 있는

pat<u>ient</u> 참을성 있는

sc<u>ient</u>ist 과학자

He is a patient scientist.
그는 참을성 있는 과학자다.

rude a 무례한

<u>rude</u> 무례한

<u>crue</u>l 잔인한

This woman is rude and cruel.
이 여성은 무례하고 잔인하다.

selfish a 이기적인

selfish 이기적인
fish 물고기

What a selfish fish!
이런 이기적인 물고기 같으니라고!

silly a 어리석은

silly 어리석은
Billy Billy(사람 이름)

These two Billys are silly.
이 두 Billy는 어리석다.

sincere a 진정한

sincere 진정한
cereal 시리얼

This is Sincere cereal.
이것은 진정한(Sincere) 시리얼이다.

sneaky a 교활한

sneaky 교활한
sneakers 운동화

The man with sneakers looks sneaky.
운동화를 신고 있는 남자는 교활해 보인다.

stingy a 인색한

stingy 인색한
sing 노래하다

The stingy man is singing.
인색한 남자가 노래하고 있다.

talkative a 수다스러운

talkative 수다스러운
talk 말하다

They **talk** and **talk**. They
are **talkative**.
그들은 말하고 또 말한다. 그들은 수다스럽다.

Parts of Body
신체 부위

beard n 턱수염

beard 턱수염
bear 곰

This **bear** has a funny
beard.
이 곰은 우스운 턱수염을 갖고 있다.

chin n 턱

chin 턱
Chinese 중국어

He wrote a **Chinese** word
on his **chin**.
그는 그의 턱에 중국어(한자)를 썼다.

tongue n 혀

tongue 혀
argue 논쟁하다

When they were arguing,
his **tongue** got stuck.
그들이 논쟁하고 있었을 때, 그의 혀가 움직
이지 않았다.

ankle n 발목

ankle 발목

angle 각도

His ankles are at wrong angles.

그의 발목은 잘못된 각도로 있다.

bone n 뼈

bone 뼈

one 하나의

He gave her one bone as a gift.

그는 그녀에게 선물로 뼈 하나를 주었다.

hip n 엉덩이

hip 엉덩이

lip 입술

His lips are on someone's hips.

그의 입술이 누군가의 엉덩이에 있다.

skin n 피부

skin 피부

skinny 마른

The skinny girl's skin is green.

그 마른 소녀의 피부는 초록색이다.

thumb a 엄지손가락

thumb 엄지손가락

dumb 멍청한

He did a dumb thing with his thumb.

그는 그의 엄지손가락으로 멍청한 일을 했다.

toe n 발가락

toe 발가락

too 너무 ~하다

His toes are too big.
그의 발가락은 너무 크다.

waist n 허리

waist 허리

wrist 손목

When you see her wrist on the waist, run!
그녀의 손목이 허리에 있는 것을 보면, 뛰어라!

wrist n 손목

wrist 손목

waist 허리

When you see her wrist on the waist, run!
그녀의 손목이 허리에 있는 것을 보면, 뛰어라!

Topic 04 .... Check List
1 ☐ 2 ☐ 3 ☐ 4 ☐ 5 ☐

Health
건강

dizzy a 어지러운

dizzy 어지러운

easily 쉽게

He gets dizzy easily.
그는 쉽게 어지러워진다.

ill   <u>a</u> 아픈

<u>ill</u> 아픈

<u>still</u> 여전히

Is he still ill?
그는 여전히 아픈가요?

painful   <u>a</u> 아픈

<u>painful</u> 창백한

<u>pain</u> 고통

He is in pain. It looks painful.
그는 고통 속에 있다. 아파 보인다.

pale   <u>a</u> 창백한

<u>pale</u> 창백한

<u>male</u> 남자

This male visitor is pale.
이 남자 방문객은 창백하다.

Topic

04

건강 Health

cancer   <u>n</u> 암

<u>cancer</u> 암

<u>cancel</u> 취소하다

She cancelled her cancer check.
그녀는 그녀의 암 검사를 취소했다.

flu   <u>n</u> 독감

<u>flu</u> 독감

<u>flute</u> 플루트

He has the flu. He can't play the flute.
그는 독감에 걸렸다. 그는 플루트를 연주할 수 없다.

stomachache
n 복통

stomachache 복통
toothache 치통

He has a stomachache and a toothache.
그는 복통과 치통을 앓고 있다.

toothache **n** 치통

toothache 치통
stomachache 복통

He has a stomachache and a toothache.
그는 복통과 치통을 앓고 있다.

pain **n** 고통

pain 고통
painful 아픈

He is in pain. It looks painful.
그는 고통 속에 있다. 아파 보인다.

cough **n** 기침

cough 기침
enough 충분한

He has coughed enough today.
그는 오늘 기침을 많이 했다.

wound **v** 부상, 상처

wound 부상, 상처
sound ~인 것 같다

He sounds like he is wounded.
그는 마치 부상당한 것 같다.

cure ⓥ 치유하다

cure 치유하다
sure 확신하다

Are you sure you can cure me?
당신이 나를 치유할 수 있다고 확신하나요?

recover ⓥ 회복되다

recover 회복되다
cover 감당하다

He has recovered, but he can't cover the bill.
그는 회복되었지만, 비용을 감당할 수 없다.

death ⓝ 죽음

death 죽음
eat 먹다

Eating a pie caused its death.
파이를 먹은 것이 그것의 죽음의 원인이 되었다.

Topic 05 .... Check List
1 ☐ 2 ☐ 3 ☐ 4 ☐ 5 ☐

Forms of Address
직함

ma'am ⓝ 부인

ma'am 부인
man 남자

"This way, ma'am."
"Do I look like a man"
"이쪽입니다, 부인." "제가 남자처럼 보이나요?"

Family
가족

elder a 나이가 더 많은

el<u>der</u> 나이가 더 많은
<u>order</u> 주문하다

I'd like to order a beer for my elder brother.
나는 나의 형을 위해 맥주를 주문하고 싶다.

granddaughter
n 손녀

<u>grand</u>daughter 손녀
<u>grand</u>mother 할머니

This grandmother has two granddaughters.
이 할머니에게는 두 명의 손녀가 있다.

grandson n 손자

<u>grand</u>son 손자
<u>grand</u>father 할아버지

This grandfather has two grandsons.
이 할아버지에게는 두 명의 손자가 있다.

nephew n 조카 (아들)

nep<u>hew</u> 조카 (아들)
<u>few</u> 약간의

My nephew has a few pets.
내 조카에게는 몇 마리의 애완동물이 있다.

niece ⓝ 조카 (딸)

niece 조카 (딸)
nice 좋은, 친절한

His niece is not nice.
그의 조카는 친절하지 않다.

relative ⓝ 친척

relative 친척
talkative 수다스러운

He has some talkative relatives.
그에게는 몇 명의 수다스러운 친척들이 있다.

marry ⓥ 결혼하다

marry 결혼하다
Larry Larry(사람 이름)

Larry will marry May.
Larry는 May와 결혼할 것이다.

Topic 07 .... Check List
1 ☐ 2 ☐ 3 ☐ 4 ☐ 5 ☐

Time
시간

dawn ⓝ 새벽

dawn 새벽
down 아래로

He knocks down the cock at dawn.
그는 새벽에 수탉을 때려눕혔다.

midnight n 자정

midnight 자정

night 밤

He walks at midnight every night.
그는 매일 밤 자정에 걷는다.

weekday n 평일

weekday 평일

weekend 주말

He works on weekdays and weekends.
그는 평일과 주말에 일을 한다.

alarm clock
n 알람시계

The alarm clock alarms him.
알람시계는 그를 불안하게 한다.

calendar n 달력

calendar 달력

lend 빌려주다

Someone lend me a calendar.
누군가가 나에게 달력을 빌려준다.

current a 현재의

current 현재의

rent 빌리다

To rent a house is his current solution.
집을 빌리는 것이 그의 현재 해결책이다.

daily `ad` 매일

daily 매일

dairy 낙농업의

This kid eats dairy food daily.
이 아이는 매일 유제품을 먹는다.

Topic 08

Check List
1 2 3 4 5

Money
돈

bill `n` 고지서

bill 고지서

Bill 빌(사람 이름)

Bill didn't pay the bills.
빌은 고지서를 지불하지 않았다.

cash `n` 현금

cash 현금

wash 씻다

The washing machine washed her cash.
세탁기가 그녀의 현금을 세탁했다.

Topic

08

돈 Money

coin `n` 동전

coin 동전

in ~안에

You can find some coins in the fountain.
당신은 이 분수대에서 동전 몇 개를 찾을 수 있다.

credit card
phr 신용 카드

He bought a postcard with a credit card.
그는 신용 카드로 엽서를 샀다.

charge ☑ 청구하다

charge 청구하다

large 큰

He charges one dollar for this large egg.
그는 이 큰 알에 1달러를 받는다.

earn ☑ 벌다

earn 벌다

learn 배우다

He learns to earn money.
그는 돈 버는 것을 배운다.

Topic 09

Check List
1 □ 2 □ 3 □ 4 □ 5 □

Food & Drink
음식 & 음료수

mango ☑ 망고

mango 망고

man 남자 / go 가다

This man goes to the toilet after eating mango.
이 남자는 망고를 먹은 후 화장실에 간다.

pineapple n 파인애플

pineapple 파인애플

apple 사과

The apple hates the pineapple.
사과는 파인애플을 싫어한다.

tangerine n 귤

tangerine 귤

anger 분노

This tangerine is in anger.
이 귤은 화가 나 있다.

cabbage n 양배추

cabbage 양배추

garbage 쓰레기

A cabbage is crying on the garbage can.
양배추가 쓰레기통 위에서 울고 있다.

carrot n 당근

carrot 당근

parrot 앵무새

This parrot doesn't eat carrots.
이 앵무새는 당근을 먹지 않는다.

corn n 옥수수, 곡식

corn 옥수수, 곡식

corner 구석

There is corn at the corner.
구석에 옥수수가 있다.

음식 & 음료 Food & Drink

Topic

09

nut n 견과

nut 견과

not ~아니다

We are not nuts. We are peanuts.

우리는 견과가 아니다. 우리는 땅콩이다.

onion n 양파

onion 양파

opinion 의견

What is your opinion about onions?

양파에 대한 당신의 의견은 무엇인가요?

potato n 감자

potato 감자

tomato 토마토

A potato is running after a tomato.

감자가 토마토를 뒤쫓고 있다.

burger n 버거

burger 버거

hunger 갈망, 배고픔

He hungers for a burger.

그는 햄버거를 갈망한다.

cereal n 시리얼

cereal 시리얼

real 진짜의

Is this real cereal?

이것은 진짜 시리얼인가요?

flour n 밀가루

flour 밀가루

flower 꽃

You bought flowers? Where is the flour?

당신은 꽃을 샀나요? 밀가루는 어디 있나요?

instant noodle
phr 라면

He is distant from the instant noodles.

그는 라면으로부터 멀리 있다.

seafood n 해산물

seafood 해산물

season 철, 계절

It is seafood season now.

지금은 해산물 철이다.

shrimp n 새우

shrimp 새우

shrink 줄어들다

Did these shrimp shrink?

이 새우가 줄어들었나요?

tofu n 두부

tofu 두부

total 총

He ordered five tofu dishes in total.

그는 총 두부 5접시를 주문했다.

음식 & 음료 Food & Drink

Topic

09

295

brunch n 브런치

brunch 브런치
lunch 점심

**This is my breakfast,
brunch and lunch.**
이것은 나의 아침식사이며 브런치이자 점심
식사이다.

supper n 저녁

supper 저녁
super 대단히

**She is having a super light
supper.**
그녀는 아주 가벼운 저녁식사를 하고 있다.

beer n 맥주

beer 맥주
bear 곰

This bear likes beer.
이 곰은 맥주를 좋아한다.

liquid n 액체

liquid 액체
squid 오징어

The squid spat some liquid.
오징어는 약간의 액체를 내뿜었다.

soda n 소다

soda 소다
so 정말, 아주

**Coffee tastes so good with
soda.**
커피는 소다와 함께 마시면 맛이 정말 좋다.

dessert n 후식, 디저트

dessert 후식

desert 사막

They lost their dessert in the desert.

그들은 사막에서 그들의 후식을 잃어버렸다.

doughnut n 도넛

doughnut 도넛

nut 견과

Many doughnuts don't have nuts.

많은 도넛은 견과류가 없다.

ketchup n 케첩

ketchup 케첩

catch up 잡다

Catch up the ketchup if you can.

당신이 할 수 있다면 케첩을 잡아보세요.

cream n 크림

cream 크림

dream 꿈꾸다

It dreamed about ice cream.

그것은 아이스크림에 대한 꿈을 꾸었다.

음식 & 음료 Food & Drink

Topic

09

jam n 잼

jam 잼

James James(사람 이름)

Bear James likes to eat jam with fish.

곰 James는 물고기와 함께 잼을 먹는 것을 좋아한다.

pepper **n** 후추

pepper 후추

paper 종이

She put some pepper on the paper.
그녀는 종이 위에 약간의 후추를 놓았다.

soy sauce **n** 간장

soy sauce 간장

saucer 받침

You may put the soy sauce on the saucer.
받침에 간장을 놓아도 좋습니다.

vinegar **n** 식초

vinegar 식초

wine 와인

One man drank wine. The other drank vinegar.
한 남자가 와인을 마셨다. 다른 사람은 식초를 마셨다.

diet **n** 다이어트

diet 다이어트

die 죽다

I would rather die, than be on a diet.
다이어트하는 것보다 죽는 것이 낫다.

bitter **a** 쓴

bitter 쓴

little 조금의

This fruit is a little bitter.
이 과일은 조금 쓰다.

sour a 신

sour 신
our 우리의

Our milk is sour.
우리의 우유는 시다.

spread v 바르다, 펴다

spread 바르다, 펴다
bread 빵

Bear James spreads jam on the bread.
곰 James는 빵 위에 잼을 바른다.

slice v 조각

slice 조각
lice 이

These lice will be sliced shortly.
이 머릿니는 잘게 조각날 것이다.

Topic 10

Check List
1 ☐ 2 ☐ 3 ☐ 4 ☐ 5 ☐

Tableware
식기류

zzzzzzz.....

napkin n 냅킨

napkin 냅킨
nap 낮잠

This man needs napkins for his nap.
이 남자는 낮잠을 자는데 냅킨이 필요하다.

식기류 Tableware

Topic
10

saucer n 받침접시

saucer 받침접시

soy sauce 간장

You may put the soy sauce on the saucer.

당신은 받침 위에 간장을 놓아도 좋다.

Topic 11
Check List
1 ☐ 2 ☐ 3 ☐ 4 ☐ 5 ☐

Clothing & Accessories
의류 & 장신구

blouse n 블라우스

blouse 블라우스

house 집

He delivered the blouse to the wrong house.

그는 블라우스를 다른 집에 배달했다.

pajamas n 잠옷

pajamas 잠옷

drama 드라마

He is practicing a drama in pajamas.

그는 잠옷을 입고 드라마 연습을 하고 있다.

raincoat n 비옷

raincoat 비옷

coat 코트

He often wears a raincoat as a coat.

그는 종종 비옷을 코트처럼 입는다.

suit ⁿ 정장

<u>suit</u> 정장
<u>fruit</u> 과일

He has many fruit suits.
그는 많은 과일 모양의 정장을 갖고 있다.

swimsuit ⁿ 수영복

<u>swim</u>suit 수영복
<u>swim</u>ming 수영

He found his swimsuit in the swimming pool.
그는 수영장에서 그의 수영복을 찾았다.

trousers ⁿ 바지

<u>trou</u>sers 바지
<u>trou</u>ble 곤경, 곤란

The man in the green trousers is in trouble.
초록색 바지를 입은 남자는 곤경에 빠져있다.

underwear ⁿ 속옷

<u>under</u>wear 속옷
<u>under</u> ~밑에 / <u>wear</u> 입다

You should wear the underwear under the trousers.
너는 바지 속에 속옷을 입어야 한다.

button ⁿ 단추

<u>butto</u>n 단추
<u>botto</u>m 엉덩이, 바닥

The button and the cotton are under its bottom.
단추와 솜이 그것의 엉덩이 밑에 있다.

contact lens
phr 콘택트렌즈

Are you wearing contact lenses?
너는 콘택트렌즈를 끼고 있니?

earring n 귀걸이

earring 귀걸이
ring 울리다

Her earrings ring.
그녀의 귀걸이가 울린다.

handkerchief
n 손수건

handkerchief 손수건
chief 추장, 수장

This chief hung a handkerchief.
추장은 손수건을 매달았다.

necklace n 목걸이

necklace 목걸이
neck 목

This necklace makes her neck uncomfortable.
이 목걸이는 그녀의 목을 불편하게 만든다.

purse n 지갑

purse 지갑
nurse 간호사

This nurse wears a purse on her head.
이 간호사는 지갑을 그녀의 머리에 쓰고 있다.

scarf n 스카프, 목도리

scarf 스카프

car 자동차

Her scarf flew away from the car.
그녀의 스카프가 차에서 날아가 버렸다.

zzzzz...

slipper n 실내화

slipper 실내화

sleep 자다

He sleepwalks with his slippers on.
그는 실내화를 신고 잠결에 돌아다닌다.

sneakers
n 스니커즈 운동화

sneakers 스니커즈 운동화

sneaky 교활한

The man with sneakers looks sneaky.
스니커즈 운동화를 신고 있는 남자는 교활해 보인다.

hole n 구덩이

hole 구덩이

whole 전체의

His whole body is almost in the hole.
그의 몸 전체가 거의 그 구덩이에 빠져있다.

cotton n 목화

cotton 목화

bottom 단추

The button and the cotton are under its bottom.
단추와 솜이 그것의 엉덩이 밑에 있다.

303

diamond n 다이아몬드

diamond 다이아몬드
Monday 월요일

She wore a diamond necklace on Monday.
그녀는 월요일에 다이아몬드 목걸이를 착용했다.

gold n 금

gold 금
old 나이 든

This old man found his gold.
이 노인은 그의 금을 찾았다.

silver n 은 a 은색의

silver 은
over 위에

The silver and gold medals are fighting over the ranks.
은메달과 금메달이 순위를 다투고 있다.

여보세요?

iron n 다리미

iron 다리미
on ~에

He put the iron on his ear.
그는 그의 귀에 다리미를 갖다 댔다.

 Tip

동사의 3단 변화
- wake - woke - woken 깨다
- steal - stole - stolen 훔치다
- break - broke - broken 부수다
- choose - chose - chosen 고르다

Colors
색깔

Topic

12

색깔 Colors

golden
a 금으로 만든, 황금빛의

golden 금으로 만든

garden 정원

He found a golden bag in his garden.
그는 그의 정원에서 금으로 만든 가방을 찾았다.

Sports, Interests & Hobbies
스포츠, 관심사&취미

football **n** 축구

football 축구

ball 공

He kicked the wrong ball at the football game.
그는 축구 경기에서 잘못된 공을 찼다.

golf **n** 골프

golf 골프

wolf 늑대

A wolf was hit by a golf ball.
늑대가 골프공에 맞았다.

softball [n] 소프트볼

softball 소프트볼

soft 부드러운

The softball players are not soft.

소프트볼 선수들은 부드럽지 않다.

volleyball [n] 배구

volleyball 배구

valley 계곡

They play volleyball in a valley.

그들은 계곡에서 배구를 한다.

bowling [n] 볼링

bowling 볼링

boring 지루한

He thinks the bowling is boring.

그는 볼링이 지루하다고 생각한다.

ski [v] 스키를 타다

ski 스키를 타다

sky 하늘

He can ski high up to the sky.

그는 하늘 높이 스키를 탈 수 있다.

travel [n] 여행

travel 여행

trap 가두다

He was trapped during his travel.

그는 여행을 하는 동안 갇혔다.

cartoon n 만화

cartoon 만화

moon 달

The moon is naughty in this cartoon.

이 만화에서 달은 장난꾸러기다.

drama n 드라마

drama 드라마

pajamas 잠옷

He is practicing a drama in pajamas.

그는 잠옷을 입고 드라마 연습을 하고 있다.

film n 영화

film 영화

fill 채우다

This film is filled with fears and tears.

이 영화는 공포와 눈물로 가득 차있다.

instrument n 악기

instrument 악기

instruction 설명

There is important instruction for this instrument.

이 악기에 대한 중요한 설명이 있다.

jazz n 재즈

jazz 재즈

puzzle 퍼즐

He listens to jazz when he plays puzzles.

그는 퍼즐을 맞출 때 재즈를 듣는다.

novel n 소설

novel 소설

November 11월

He wrote a novel in November.
그는 11월에 소설을 썼다.

pop music
phr 대중음악

He is not a popular pop music singer.
그는 유명한 대중음악 가수가 아니다.

puzzle n 퍼즐

puzzle 퍼즐

jazz 재즈

He listens to jazz when he plays puzzles.
그는 퍼즐을 맞출 때 재즈를 듣는다.

tent n 텐트

tent 텐트

ten 10, 열

They jump over ten tents
그들은 10개의 텐트를 뛰어넘는다.

trumpet n 트럼펫

trumpet 트럼펫

instrument 악기

The trumpet could be an annoying instrument.
트럼펫은 짜증나는 악기가 될 수도 있다.

loser n 패자

loser 패자

lose 잃다

The loser lost his ship.
패자는 그의 배를 잃었다.

winner n 승자

winner 승자

dinner 저녁식사

He is the winner of the free dinner.
그는 무료 저녁식사의 승자이다.

Topic

14

— 집 & 아파트 Houses & Apartments —

Topic 14 .... Check List

1 ☐ 2 ☐ 3 ☐ 4 ☐ 5 ☐

Houses & Apartments
집 & 아파트

building n 건물

building 건물

build 짓다

He didn't build that building.
그는 저 건물을 짓지 않았다.

basement n 지하실

basement 지하실

base 터전, 기지

They have a base in a basement.
그들은 지하실에 기지를 갖고 있다.

fence n 울타리

fence 울타리

dance 춤추다

She dances on the fence.
그녀는 울타리 위에서 춤을 춘다.

garage n 차고

garage 차고

garbage 쓰레기

There is a lot of garbage in his garage.
그의 차고 안에 많은 양의 쓰레기가 있다.

hall n 큰 방, 현관

hall 큰 방

Halloween 핼러윈

He decorated the hall for Halloween.
그는 핼러윈을 위해 큰 방을 꾸몄다.

ceiling n 천장

ceiling 천장

sitting 앉아있다

It is sitting below the ceiling.
그것은 천장 아래에 앉아있다.

downstairs n 아래층

downstairs 아래층

upstairs 위층

He lives downstairs.
그는 아래층에 산다.

upstairs ⓝ 위층

upstairs 위층
downstairs 아래층

I live upstairs.
나는 위층에 산다.

roof ⓝ 지붕

roof 지붕
room 방

He is on the roof of his room.
그는 그의 방 지붕 위에 있다.

Topic

14

집 & 아파트 Houses & Apartments

furniture ⓝ 가구

furniture 가구
fur 털 / natural 자연의

This piece of furniture is made of natural fur.
가구의 이 부분은 자연 털로 만들어졌다.

armchair ⓝ 안락의자

armchair 안락의자
arm 팔

There are two arms on this armchair.
이 안락의자에는 두 개의 팔걸이가 있다.

bookcase ⓝ 책장

bookcase 책장
book 책

He can't put some books on the bookcase.
그는 책장에 약간의 책을 넣을 수 없다.

closet [n] 벽장

<u>closet</u> 벽장
<u>close</u> 닫다

She can't close the closet.
그녀는 벽장을 닫을 수 없다.

curtain [n] 커튼

<u>curtain</u> 커튼
<u>certain</u> 특정한

She likes a certain kind of curtain.
그녀는 특정한 종류의 커튼을 좋아한다.

faucet [n] 수도꼭지

<u>faucet</u> 수도꼭지
<u>sauce</u> 소스

You may get the soy sauce from the faucet.
당신은 수도꼭지에서 간장을 얻을 것이다.

mirror [n] 거울

<u>mirror</u> 거울
<u>error</u> 실수

This mirror made an error.
이 거울은 실수를 범했다.

shelf [n] 선반

<u>shelf</u> 선반
<u>she</u> 그녀

She likes to put herself on the shelf.
그녀는 선반 위에 올라가 있는 것을 좋아한다.

sink n 싱크대

<u>sink</u> 싱크대
<u>link</u> 연결하다

I wonder to where does this sink link.
나는 이 싱크대가 어디로 연결되어 있는지 궁금하다.

carpet n 카펫

<u>carpet</u> 카펫
<u>pet</u> 애완동물

He put all his pets on a carpet.
그는 그의 모든 애완동물을 카펫 위에 놓았다.

Topic

14

집 & 아파트 Houses & Apartments

hanger n 옷걸이

<u>hanger</u> 옷걸이
<u>hang</u> 걸다

He uses hangers to hang his suits.
그는 그의 정장을 걸기 위해 옷걸이를 사용한다.

pillow n 베개

<u>pillow</u> 베개
<u>follow</u> 따라가다

He follows his yellow pillow.
그는 그의 노란색 베개를 따라간다.

sheet n 시트(침대에 깔거나 위로 덮는 얇은 천)

<u>sheet</u> 시트
<u>sheep</u> 양

A sheep sleeps on the green sheet.
양이 초록색 시트 위에서 잔다.

toothbrush n 칫솔

toothbrush 칫솔

brush 닦다

He uses a toothbrush to brush his teeth.
그는 이를 닦기 위해 칫솔을 사용한다.

soap n 비누

soap 비누

soup 수프, 국

Soap fell into her soup.
비누가 그녀의 수프 안으로 들어갔다.

air conditioner
phr 에어컨, 냉방기

This air conditioner is in a bad condition.
이 에어컨은 상태가 좋지 않다.

cassette n 카세트

cassette 카세트

classroom 교실

There are many cassette recorders in this classroom.
이 교실에는 많은 카세트 녹음기가 있다.

dryer n 건조기

dryer 건조기

dry 말리다

He uses this fan as a dryer to dry hair.
그는 머리를 말리기 위해 이 선풍기를 건조기로 사용한다.

flashlight n 손전등

flashlight 손전등
night 밤

This flashlight shines every night.
이 손전등은 매일 밤 비춘다.

freezer n 냉동고

freezer 냉동고
free 무료의

You are free to use the freezer.
너는 이 냉동고를 무료로 사용할 수 있다.

heater n 히터

heater 히터
reader 책 읽는 사람, 독자

Who put this heater below this reader?
누가 히터를 이 책 읽는 사람 밑에 두었나요?

microwave n 전자레인지

microwave 전자레인지
wave 파장, 파도

You can't see the wave in the microwave.
너는 이 전자레인지 안의 파장을 볼 수 없다.

oven n 오븐

oven 오븐
on ~위에

He put a pot on the oven.
그는 오븐 위에 냄비를 두었다.

speaker n 스피커

speaker 스피커
speak 말하다

His mother often speaks through a speaker.
그의 어머니는 종종 스피커를 통해 말한다.

stove n 난로

stove 난로
dove 비둘기

A dove is resting on a stove.
비둘기가 난로 위에서 쉬고 있다.

walkman n 워크맨

walkman 워크맨
man 남자

This man is listening to the walkman.
이 남자는 워크맨을 듣고 있다.

printer n 프린터

printer 프린터
print 인쇄하다

Peter prints something from a printer.
Peter는 프린터에서 무언가를 인쇄한다.

brick n 벽돌

brick 벽돌
trick 속임수

The brick is a trick.
그 벽돌은 속임수이다.

bucket n 양동이

bucket 양동이
lucky 운이 좋은

He was lucky with the bucket.
그는 양동이로 인하여 운이 좋았다.

hammer n 망치

hammer 망치
summer 여름

He was hit by a hammer this summer.
그는 이번 여름에 망치로 맞았다.

housework n 집안일

housework 집안일
housewife 주부

A housewife has a lot of housework.
주부에게는 많은 집안일이 있다.

needle n 바늘

needle 바늘
need 필요하다

He doesn't need a big needle.
그는 큰 바늘이 필요 없다.

pan
n 팬, (손잡이가 달린 얕은) 냄비

pan 팬
panda 판다

She hit a panda with a pan.
그녀는 팬으로 판다를 때렸다.

teapot n 찻주전자

teapot 찻주전자

tea 티

The teacher serves tea with the teapot.
선생님은 찻주전자로 차를 제공한다.

toilet n 변기

toilet 변기

let ~하게 해주다

Let's try this toilet.
이 변기를 시험 삼아 사용해보자.

trash can phr 쓰레기통

Can you wash the trash can?
너는 그 쓰레기통을 씻을 수 있니?

wok
n 웍(중국 음식을 볶거나 요리할 때 쓰는 우묵하게 큰 냄비)

wok 웍

cook 요리하다

He needs a wok to cook.
그는 요리하기 위해 웍이 필요하다.

tube n 관

tube 관

tub 욕조

It sits on a tub and slides down a tube.
그것은 욕조에 앉아 관을 미끄러져 내려간다.

decorate v 장식하다

decorate 장식하다

chocolate 초콜릿

He decorated the cake with chocolate.

그는 초콜릿으로 케이크를 장식했다.

design v 디자인

design 디자인

sign 서명하다

He signed on the art he designed.

그는 그가 디자인한 예술품에 서명을 했다.

Topic

14

| 집 & 아파트 Houses & Apartments |

repair v 수리하다

repair 수리하다

air 공기

Can someone repair this air conditioner?

누가 이 에어컨을 수리할 수 있나요?

sweep v 쓸다

sweep 쓸다

street 거리

She sweeps this street every day.

그녀는 이 거리를 매일 쓴다.

address n 주소

address 주소

dress 드레스

He delivered this dress to the wrong address.

그는 이 드레스를 잘못된 주소로 배달했다.

School
학교

college n 대학

college 대학
village 마을

This college is in a small village.
이 대학은 작은 마을 안에 있다.

kindergarten n 유치원

kindergarten 유치원
kind 친절한

A kind king visits this kindergarten.
친절한 왕이 이 유치원을 방문한다.

university n 대학

university 대학
universe 우주

He learns the beauty of the universe at the university.
그는 대학에서 우주의 아름다움을 배운다.

campus n 교정

campus 교정
camp 야영하다

He often camps near the campus.
그는 종종 교정 주변에서 야영을 한다.

guard n 경비

guard 경비

garden 정원

He is a guard in the garden.
그는 정원의 경비이다.

board n 판자

board 판자

boy 소년

A boy and a black bird sail on a board.
소년과 검은 새가 판자 위에서 항해한다.

Topic

15

| 학교 School |

crayon n 크레용

crayon 크레용

canyon 협곡

Someone drew the canyon with crayons.
누군가가 크레용으로 협곡을 그렸다.

diary n 일기

diary 일기

dairy 낙농장

This dairy owner keeps a diary.
이 낙농장 주인은 일기를 쓴다.

ink n 잉크

ink 잉크

drink 마시다

Did he drink the ink?
그가 잉크를 마셨나요?

magazine n 잡지

magazine 잡지
Maggie Maggie(사람 이름)

Maggie is on the cover of a magazine.
Maggie가 잡지 표지에 있다.

textbook n 교과서

textbook 교과서
text 문자

He texted me to return his textbook.
그는 나에게 그의 교과서를 돌려달라고 문자를 보냈다.

backpack n 배낭

backpack 배낭
back 등

He carried a backpack on his back.
그는 그의 등에 배낭을 멨다.

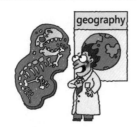

geography n 지리학

geography 지리학
geology 지질학

He studies biology, geology and geography.
그는 생물학, 지질학 그리고 지리학을 공부한다.

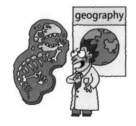

biology n 생물학

biology 생물학
geology 지질학

He studies biology, geology and geography.
그는 생물학, 지질학 그리고 지리학을 공부한다.

chemistry n 화학

<u>chemis</u>try 화학

<u>is</u> ~이다 / <u>try</u> ~노력하다

He is trying to do the chemistry experiment.
그는 화학 실험을 하려고 노력하고 있다.

physics n 물리학

<u>physics</u> 물리학

<u>sick</u> 아픈

He felt sick when he studied physics.
그는 물리학을 공부할 때 아팠다.

law n 법

<u>law</u> 법

<u>law</u>yer 변호사

This lawyer is breaking the law.
이 변호사는 법을 어기고 있다.

Topic
15
학교 School

social science
phr 사회 과학

He is an expert in social science.
그는 사회 과학 전문가이다.

principal n 교장, 총장

<u>principal</u> 교장

<u>prin</u>ce 왕자

The prince is here to see the principal.
왕자는 교장을 보기 위해 이곳에 있다.

323

behave ☑ 행동하다

be<u>have</u> 행동하다
<u>have</u> 가지고 있다

You have behaved badly.
너는 나쁘게 행동을 했다.

explain ☑ 설명하다

ex<u>plain</u> 설명하다
com<u>plain</u> 불평하다

She is complaining. He is explaining.
그녀는 불평하고 있다. 그는 설명하고 있다.

pronounce
☑ 발음하다

pro<u>nounce</u> 발음하다
an<u>nounce</u> 알리다

When he announces, he pronounces the names wrong.
그는 발표할 때, 이름을 잘못 발음한다.

punish ☑ 처벌하다

pu<u>nish</u> 처벌하다
fi<u>nish</u> 마치다

He will be punished after he finishes the exam.
그는 시험을 마친 후에 벌을 받을 것이다.

review ☑ 복습하다

re<u>view</u> 복습하다
<u>view</u> ~라고 생각하다

I view it as he is reviewing for his test.
나는 그가 시험을 위해 복습하고 있다고 생각한다.

underline
v 밑줄을 긋다

underline 밑줄을 긋다

under ~밑에 / line 행, 선

He underlines under every line.

그는 모든 행 밑에 밑줄을 긋는다.

alphabet n 알파벳

alphabet 알파벳

alpha 그리스 문자의 A

beta 그리스 문자의 B

Alpha and beta are Greek alphabet letters.

알파와 베타는 그리스 알파벳 문자이다.

Topic

15

conversation n 대화

conversation 대화

station 역

He had a telephone conversation at the train station.

그는 기차역에서 전화로 대화를 했다.

학교 School

exam n 시험

exam 시험

example 예시

This is an example for the exam.

이것은 시험의 예시이다.

final n 마지막의

final 마지막의

find 알게 되다, 찾다

He finds out that he missed the final test.

그는 기말고사를 놓쳤다는 것을 알게 되었다.

poem n 시

poem 시
poet 시인

This poet is writing a poem.
이 시인은 시를 쓰고 있다.

record n 기록

record 기록
score 점수

This score broke his record.
이 점수는 그의 기록을 깼다.

score n 점수

score 점수
record 기록

This score broke his record.
이 점수는 그의 기록을 깼다.

vocabulary n 어휘

vocabulary 어휘
ambulance 구급차

He learned new vocabulary in the ambulance.
그는 구급차 안에서 새로운 어휘를 배웠다.

semester n 학기

semester 학기
master degree 석사 학위

He wants to get a master's degree after this semester.
그는 이번 학기 이후에 석사 학위를 따기 원한다.

Topic 16

Places & Locations
장소 & 위치

position n 입장, 위치

position 입장, 위치

positive 긍정적인

His position on this question is very positive.
이 질문에 대한 그의 입장은 매우 긍정적이다.

backward ad 뒤로

backward 뒤로

forward 앞으로

Crabs can't move forward or backward.
꽃게는 앞으로나 뒤로 움직이지 못한다.

Topic
16

| 장소 & 위치 Places & Locations |

central a 중요한

central 중요한

center 중심

This shopping center is in the central part of this town.
이 쇼핑센터는 마을의 중심부에 있다.

forward ad 앞으로

forward 앞으로

backward 뒤로

Crabs can't move forward or backward.
꽃게는 앞으로나 뒤로 움직이지 못한다.

buffet 🄝 뷔페

buffet 뷔페
buffalo 물소

This buffet serves buffalo meat.
이 뷔페는 물소 고기를 제공한다.

cafeteria
🄝 카페테리아(셀프 서비스식 식당)

cafeteria 카페테리아(셀프 서비스식 식당)
café 카페

This is a cafeteria, not a café.
이곳은 카페가 아니고 카페테리아(식당)이다.

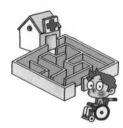

drugstore 🄝 약국

drugstore 약국
drug 약

He needs some drugs from the drugstore.
그는 약국에서 약간의 약이 필요하다.

spot 🄝 장소

spot 장소
pot 냄비

This is their favorite spot for eating hot pot.
이곳은 그들이 뜨거운 냄비요리를 먹기에 좋아하는 장소이다.

waterfall 🄝 폭포

waterfall 폭포
water 물 / fall 떨어지다

The water falls from the waterfall.
물이 폭포에서 떨어진다.

downtown ⓝ 중심가

downtown 중심가
town 마을

He moved from a small town to the downtown.
그는 작은 마을에서 중심가로 이사했다.

village ⓝ 마을

village 마을
college 대학

This college is in a small village.
이 대학은 작은 마을 안에 있다.

local ⓐ 지역의

loca 지역의
call 전화

He works for a local call center.
그는 지역 전화 센터에서 일한다.

international ⓐ 국제적인

international 국제적인
interested 흥미 있는

This kid is interested in international affair.
이 아이는 국제적인 사건에 흥미가 있다.

Topic

16

장소 & 위치 Places & Locations

 Tip

동사의 3단 변화
- wear - wore - worn 입다
- drive - drove - driven 운전하다
- bite - bit - bitten 물다
- fall - fell - fallen 떨어지다

Transportation
교통수단

ambulance 🅝 구급차

ambulance 구급차

bull 황소

I am in an ambulance with a bull.
나는 황소와 함께 구급차 안에 있다.

helicopter 🅝 헬리콥터

helicopter 헬리콥터

he 그 / Li 이(성) / cop 경찰관

Mr. Li is a cop. He doesn't like to ride helicopters.
Li 씨는 경찰관이다. 그는 헬리콥터 타는 것을 좋아하지 않는다.

jeep 🅝 지프차

jeep 지프차

deep 깊은

His jeep is deep in the sand.
그의 지프차는 모래 속 깊이 있다.

tank 🅝 탱크

tank 탱크

bank 은행

There is a tank next to a bank.
은행 옆에 탱크가 있다.

airline ⓝ 항공사

airline 항공사
line 줄

Thank you for choosing
Three **Lines** Air**lines**.
Three Lines 항공사를 선택해 주셔서 감사합니다.

---

flat tire
phr 바람 빠진 타이어

flat tire 바람 빠진 타이어
tired 싫증이 난, 지친

She is **tired** of flat **tires**.
그녀는 바람 빠진 타이어에 지쳤다.

---

highway ⓝ 고속도로

highway 고속도로
high 높은

This **high**way is at a **high** altitude.
이 고속도로는 높은 고도에 있다.

Topic

17

교통수단 Transportation

overpass ⓝ 육교

overpass 육교
underpass 지하도

This over**pass** connects to an under**pass**.
이 육교는 지하도와 연결되어 있다.

---

underpass ⓝ 지하도

underpass 지하도
overpass 육교

This over**pass** connects to an under**pass**.
이 육교는 지하도와 연결되어 있다.

331

passenger n 보행자

passenger 보행자

overpass 육교

There is a passenger on the overpass.
육교 위에 보행자가 있다.

path n 길

path 길

faith 믿음

You need faith to walk on this path.
너는 이 길을 건너기 위해 믿음이 필요하다.

platform n 플랫폼

platform 플랫폼

at ~에 / for ~동안

He waited at the platform for two days.
그는 2일 동안 플랫폼에서 기다렸다.

railroad n 철로

railroad 철로

mail 우편물

This mailman dropped his mails on the railroad.
이 우편배달부는 그의 우편물들을 철로에 떨어뜨렸다.

subway n 지하철

subway 지하철

away 떨어져

He tries to get away by subway.
그는 지하철을 타고 떠나려고 한다.

wheel **n** 바퀴

w<u>heel</u> 바퀴

<u>feel</u> 느끼다

I feel that something is wrong with the wheel.
나는 바퀴에 무언가 문제가 있음을 느낀다.

Topic 18

Check List
1   2   3   4   5

Sizes & Measurements
크기 & 치수

kilometer **n** 킬로미터

kilo<u>meter</u> 킬로미터

<u>meter</u> 미터

Based on the meter, he drove 120 kilometers per hour.
그는 미터를 기준으로 시속 120킬로미터로 운전했다.

liter **n** 리터

<u>liter</u> 리터

<u>litter</u> 버리다

He littered a liter of yoghurt.
그는 요거트 1리터를 버렸다.

meter **n** 미터

<u>meter</u> 미터

<u>kilo</u>meter 킬로미터

Based on the meter, he drove 120 kilometers per hour.
그는 미터를 기준으로 시속 120킬로미터로 운전했다.

크기 & 치수 Sizes & Measurements

Topic
18

333

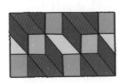

rectangle n 직사각형

rectangle 직사각형
triangle 삼각형

How many triangles are there in this rectangle?
이 직사각형 안에 몇 개의 삼각형이 있나요?

triangle n 삼각형

triangle 삼각형
rectangle 직사각형

How many triangles are there in this rectangle?
이 직사각형 안에 몇 개의 삼각형이 있나요?

deep a 깊은

deep 깊은
jeep 지프차

His jeep is deep in the sand.
그의 지프차는 모래 속 깊이 있다.

---

distant a 먼

distant 먼
instant 인스턴트의

He is distant from the instant noodles.
그는 라면으로부터 멀리 있다.

extra a 여분의, 추가의

extra 여분의, 추가의
trash 쓰레기

He always brings extra trash home.
그는 항상 여분의 쓰레기를 집에 가져온다.

maximum ⓐ 최대의

maximum 최대의
minimum 최소의

That is the maximum and minimum speed sign.
저것은 최대와 최소 속도 표시이다.

minus ⓐ 마이너스의

minus 마이너스의
mine 나의 것

This minus score is mine.
이 마이너스 점수는 나의 것이다.

narrow ⓐ 좁은

narrow 좁은
borrow 빌리다

For passing the narrow path, he needs to borrow something.
좁은 길을 건너기 위해, 그는 무언가를 빌려야 한다.

plus
prep ~뿐만 아니라

plus ~뿐만 아니라
us 우리의

My boss will give us a vacation plus a car.
내 상사는 우리에게 휴가뿐 아니라 자동차까지 줄 것이다.

tiny ⓐ 아주 작은

tiny 아주 작은
tidy 깔끔한

Its tiny room is very tidy.
그것의 아주 작은 방은 매우 깔끔하다.

크기 & 치수 Sizes & Measurements

Topic
18

335

wide a 넓은

wide 넓은

wife 아내

His wife has wide eyes.
그의 아내는 눈이 크다.

loaf n 빵 한 덩이

loaf 빵 한 덩이

love 사랑

He loves to break a loaf of bread.
그는 한 덩이의 빵을 부수는 것을 좋아한다.

height n 높이

height 높이

highway 고속도로

What is the height of that highway?
그 고속도로의 높이는 얼마인가요?

distance n 거리

distance 거리

instant 인스턴트의

It is a long distance between him and the instant noodles.
그와 라면 간의 거리는 멀다.

weight v 무게가 ～이다

weight 무게가 ～이다

eight 8, 여덟

It weights eight grams.
그것은 무게가 8그램이다.

amount 🅝 총액

am<u>ount</u> 총액
acc<u>ount</u> 계좌

The total amount of your account is one dollar.
너의 계좌의 총액은 1달러이다.

measure 🅥 측정하다

<u>measure</u> 측정하다
<u>treasure</u> 보물

He is measuring his treasure.
그는 그의 보물을 측정하고 있다.

Topic 19 ·······

Countries & Areas
국가 & 지역

국가 & 지역 Countries & Areas

nation 🅝 국가

nation 국가
<u>Nat</u> Nat(사람 이름)

Nat's news has spread all over the nation.
Nat의 소식은 전국적으로 퍼져나갔다.

 Tip

동사의 3단 변화
- hide - hid - hidden 숨다
- ride - rode - ridden 타다
- write - wrote - written 쓰다
- know - knew - known 알다

Holidays & Festivals
휴일 & 축제

Double Tenth Day
`phr` 쌍십절

Double Tenth Day is on
October Tenth.
쌍십절은 10월 10일이다.

Dragon Boat Festival
`phr` 드래곤 보트 축제

Dragon Boat Festival is a
traditional and national holiday
in Taiwan.
드래곤 보트 축제는 대만의 전통적인 국경일이다.

Thanksgiving
`phr` 추수감사절

We should say thanks at
Thanksgiving.
우리는 추수감사절에 감사 인사를 해야 한다.

Valentine's Day
`phr` 발렌타인데이

He showed his talent at
Valentine's Day.
그는 발렌타인데이에 그의 재능을 보여주었다.

culture n 문화

cu<u>lture</u> 문화

<u>picture</u> 사진

He takes many pictures of different cultures.
그는 다른 문화의 사진을 많이 찍는다.

custom n 관습

<u>custom</u> 관습

<u>custom</u>er 손님

To treat customers nicely is our custom.
손님에게 친절하게 대하는 것은 우리의 관습이다.

memory n 기억

<u>memory</u> 기억

<u>mem</u>ber 회원, 멤버

I have no memory of these members.
나는 이 회원들에 대한 기억이 없다.

Topic 21

Check List
1 2 3 4 5

Occupations
직업

artist n 화가

<u>artist</u> 화가

<u>art</u> 예술

This artist is proud of his art.
이 화가는 그의 예술을 자랑스러워한다.

assistant 🄝 조수

assistant 조수

assist 돕다

Can you assist my assistant?
내 조수를 도와줄 수 있나요?

babysitter
🄝 보모, 베이비시터

The baby is sitting on the babysitter.
그 아기는 보모 위에 앉아있다.

barber 🄝 이발사

barber 이발사

barbecue 바비큐

The barber shop is next to the barbecue.
그 이발소는 바비큐장 옆에 있다.

cowboy 🄝 카우보이

cowboy 카우보이

cow 소

This cowboy has a good cow friend.
이 카우보이에게는 좋은 소 친구가 있다.

diplomat 🄝 외교관

diplomat 외교관

mat 매트, 돗자리

This diplomat gave him a mat.
이 외교관은 그에게 매트를 주었다.

hairdresser n 미용사

This hairdresser has a pair of special scissors.
이 미용사는 특별한 가위 한 쌍을 갖고 있다.

hunter n 사냥꾼

hunter 사냥꾼
hunting 사냥

This hunter was hurt during the hunting.
이 사냥꾼은 사냥하는 동안 다쳤다.

journalist n 기자

journalist 기자
journey 여행

This journalist is always on a journey.
이 기자는 항상 여행을 한다.

judge n 판사

judge 판사
edge 끝

This judge is on the edge of rage.
이 판사는 분노의 끝에 있다.

magician n 마술사

magician 마술사
musician 음악가

This musician is also a magician.
이 음악가는 마술사이기도 하다.

manager n 경영자

manager 경영자

man 남자

This man is my manager.
이 남자는 내 경영자이다.

mechanic n 정비공

mechanic 정비공

machine 기계

This mechanic is checking the machine.
이 정비공은 기계를 확인하고 있다.

model n 모델

model 모델

modern 현대의

This model wears modern clothes.
이 모델은 현대 옷을 입는다.

musician n 음악가

musician 음악가

magician 마술사

This musician is also a magician.
이 음악가는 마술사이기도 하다.

owner n 주인

owner 주인

owe 빚지다

The owner of these dogs owes me new shoes.
이 개들의 주인은 나에게 새 신발을 빚지고 있다.

painter ⓝ 화가

painter 화가

point 점

This painter carefully put a point in this painting.
이 화가는 조심스럽게 그림에 점을 넣었다.

president ⓝ 대통령

president 대통령

accident 사고

An accident happened to the president.
대통령에게 사고가 일어났다.

priest ⓝ 신부

priest 신부

rest 쉬다

They take a rest when listening to the priest.
그들은 신부님의 말을 들으면서 휴식을 취한다.

sailor ⓝ 선원

sailor 선원

sail 항해하다

This sailor can't sail.
이 선원은 항해할 수 없다.

scientist ⓝ 과학자

scientist 과학자

patient 참을성 있는

He is a patient scientist.
그는 참을성 있는 과학자이다.

servant n 하인

servant 하인
seventeen 17, 열일곱

He has seventeen servants.
그에게는 17명의 하인들이 있다.

vendor n 행상인

vendor 행상인
slender 마른, 날씬한

This vendor has a slender camel.
이 행상인에게는 마른 낙타가 있다.

company n 회사

company 회사
compare 비교하다

No other can compare with this company's service.
어떤 것도 이 회사의 서비스와 비교할 수 없다.

guide v 안내하다

guide 안내하다
guard 경비원

This guard will guide you to the garden.
이 경비원은 정원으로 너를 안내할 것이다.

employ v 고용하다

employ 고용하다
empty 비어있는

He is employed to clean an empty trash can.
그는 비어있는 쓰레기통을 청소하기 위해 고용되었다.

hire ⓥ 고용하다

hire 고용하다

fire 불

He was hired to put out the fire.
그는 불을 끄기 위해 고용되었다.

Topic 22

Check List
1 □ 2 □ 3 □ 4 □ 5 □

Weather & Nature
날씨 & 자연

foggy ⓐ 안개 낀

foggy 안개 낀

frog 개구리

This frog likes foggy days.
이 개구리는 안개 낀 날을 좋아한다.

freezing ⓐ 추운

freezing 추운

freezer 냉동고

It is freezing in the freezer.
냉동고 안은 춥다.

humid ⓐ 습한

humid 습한

midsummer 한여름

It is humid in midsummer.
한여름에는 습하다.

345

natural <u>a</u> 자연의

natural 자연의
furniture 가구

This piece of furniture is made of natural fur.
가구의 이 부분은 자연 털로 만들어졌다.

storm <u>n</u> 폭풍

storm 폭풍
store 가게

The storm can't stop her from going to the store.
폭풍은 그녀가 가게에 가는 것을 멈추게 할 수 없다.

stormy
<u>a</u> 폭풍우가 몰아치는

stormy 폭풍우가 몰아치는
store 가게

She went to the store on a stormy day.
그녀는 폭풍우가 몰아치는 날에 가게에 갔다.

fog <u>n</u> 안개

fog 안개
frog 개구리

This frog always attacks in the fog.
이 개구리는 항상 안개 속에서 공격한다.

lightning <u>n</u> 번개

lightning 번개
enlighten 깨우치게 하다

The lightning enlightens him.
번개가 그를 깨우치게 한다.

shower n 샤워기

shower 샤워기

show 보여주다

He showed us how to use the shower.

그는 우리에게 샤워기를 어떻게 사용하는지 보여주었다.

thunder n 천둥

thunder 천둥

thousand 1000, 천

a thousand thunder clouds.

천 개의 뇌운

climate n 기후

climate 기후

classmate 반 친구

His classmate is not used to living in a cold climate.

그의 반 친구는 추운 기후에서 생활하는 데 익숙하지 않다.

cloud n 구름

cloud 구름

aloud 큰소리로

It cries aloud at the cloud.

그것은 구름을 향하여 큰소리로 짖는다.

degree n 도

degree 도(℃)

agree 동의하다

He agreed to go out in zero degrees.

그는 0도에 밖에 나가는 것을 동의했다.

temperature **n** 온도

temperature 온도

temper 성질, 성격

She is bad tempered when the temperature is high.
기온이 높을 때 그녀는 성격이 나빠진다.

Geographical Terms
지리학 용어

area **n** 지역

area 지역

are ~이다

Are you from this area?
너는 이 지역에서 왔니?

coast **n** 해안

coast 해안

cost 값이 ~이다

It costs a lot to live by the coast.
해안가 옆에 사는 것은 비용이 많이 든다.

desert **n** 사막

desert 사막

dessert 디저트

They lost their dessert in the desert.
그들은 사막에서 그들의 후식을 잃어버렸다.

environment ⓝ 환경

environment 환경

virus 바이러스

Many viruses live in a dirty environment.
많은 바이러스들은 더러운 환경에서 산다.

forest ⓝ 숲

forest 숲

rest 쉬다

He comes to the forest to take a rest.
그는 휴식을 취하기 위해 숲에 온다.

| 지리와 용어 Geographical Terms |

ocean ⓝ 바다

ocean 바다

Sean Sean(사람 이름)

Sean went fishing on the ocean.
Sean은 바다로 낚시를 하러 갔다.

plain ⓝ 평원

plain 평원

explain 설명하다

He explained why he opened a store on a plain.
그는 왜 그가 평원 위에 가게를 열었는지 설명했다.

stream ⓝ 개울

stream 개울

dream 꿈

He was floating on a stream in his dream.
그는 꿈속에서 개울 위에 떠있었다.

valley n 계곡

valley 계곡

volleyball 배구

They play volleyball in a valley.
그들은 계곡에서 배구를 한다.

woods n 수풀 산림

woods 수풀 산림

wood 나무

He brings home wood from the woods.
그는 수풀 산림에서 나무를 집에 가져온다.

Animals & Insects
동물 & 곤충

deer n 사슴

deer 사슴

dear 사랑하는

She put her dead dear deer on the wall.
그녀는 사랑하는 죽은 사슴을 벽에 걸었다.

dinosaur n 공룡

dinosaur 공룡

dinner 저녁식사

Dinosaurs are his dinner.
공룡은 그의 저녁식사이다.

donkey n 당나귀

donkey 당나귀

Don 두목, 우두머리 / key 열쇠

Don Key has a **donkey**
which carries a **key**.
Key 두목에게는 열쇠를 나르는 당나귀가 있다.

eagle n 독수리

eagle 독수리

single 혼자인

This **eagle** is **single**.
이 독수리는 혼자이다.

동물 & 곤충 Animals & Insects

kitten n 새끼 고양이

kitten 새끼 고양이

attention 집중

Attention! A **kitten** is found
in this city.
집중해주세요! 새끼 고양이 한 마리가
이 도시에서 발견되었어요.

lamb n 어린 양

lamb 어린 양

lamp 램프

A **lamb** is knitting by a
lamp.
어린 양이 램프 옆에서 뜨개질을 하고 있다.

monster n 괴물

monster 괴물

sister 누나, 여동생, 언니

His **sister** saw a **monster**.
그의 누나는 괴물을 봤다.

panda [n] 판다

panda 판다

pan 납작한 냄비

She hit a panda with a pan.
그녀는 냄비로 판다를 쳤다.

parrot [n] 앵무새

parrot 앵무새

carrot 당근

This parrot doesn't eat carrots.
이 앵무새는 당근을 먹지 않는다.

pigeon [n] 비둘기

pigeon 비둘기

pig 돼지 / on ~위에

A pigeon is standing on a pig's head.
비둘기가 돼지의 머리 위에 있다.

swan [n] 백조

swan 백조

swam 수영했다

This swan swam in a dirty pond yesterday.
이 백조는 어제 더러운 연못에서 수영했다.

wolf [n] 늑대

wolf 늑대

golf 골프

A wolf was hit by a golf ball.
늑대가 골프공으로 맞았다.

cockroach n 바퀴벌레

<u>cockroach</u> 바퀴벌레

<u>cock</u> 수탉

A cock is eating a
cockroache dish.
수탉이 바퀴벌레 요리를 먹고 있다.

mosquito n 모기

<u>mosquito</u> 모기

<u>most</u> 대부분의

Most mosquitoes suck
blood.
대부분의 모기들은 피를 빨아먹는다.

Topic

24

동물 & 곤충 Animals & Insects

snail n 달팽이

<u>snail</u> 달팽이

<u>mail</u> 우편물

This snail delivers mail.
이 달팽이는 우편물을 배달한다.

worm n 벌레

<u>worm</u> 벌레

<u>warm</u> 따뜻한

This worm looks warm.
이 벌레는 따뜻해 보인다.

crab n 게

<u>crab</u> 게

<u>grab</u> 움켜잡다

A crab grabbed his ear.
게가 그의 귀를 움켜잡았다.

dolphin n 돌고래

dolphin 돌고래
doll 인형

This dolphin plays with a doll.
이 돌고래는 인형을 갖고 논다.

bark v 짖다

bark 짖다
Mark Mark(사람 이름)

This dog barks at Mark every day.
이 개는 Mark를 향해 매일 짖는다.

swallow n 제비

swallow 제비
follow 따라가다

He follows a swallow.
그는 제비를 따라간다.

wing n 날개

wing 날개
wind 바람

The wind broke its wings.
바람은 그것의 날개를 부러뜨렸다.

Tip

동사의 3단 변화
- grow - grew - grown 자라다
- blow - blew - blown 불다
- fly - flew - flown 날다
- draw - drew - drown 그리다

Topic 25

Pronouns & Reflexives
대명사 & 재귀대명사

none `pron` 아무도 (~않다)

none 아무도 (~않다)
one 하나의

No one speaks. **None** of them is awake.
아무도 말을 하지 않는다. 그들 중 아무도 깨어있지 않다.

Topic 26

Wh-words
Wh-단어

while
conj ~할 때, ~하는 동안

while ~할 때, ~하는 동안
white 하얀

Her face became **white** **while** she saw him.
그녀가 그를 보았을 때, 그녀의 얼굴은 하얘졌다.

Tip

· Look before you leap. 두 번 생각해 보라.
· Live and learn. 끊임없이 배워라.
· Practice makes perfect. 연습이 완벽을 만든다.
· Haste makes waste. 서두르지 마라.

Prepositions
전치사

against prep ~에 맞서

<u>against</u> ~에 맞서

<u>again</u> 다시

She fought against the monster again.
그녀는 다시 괴물에 맞서 싸웠다.

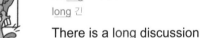

among
prep ~사이에, ~에 둘러싸인

<u>among</u> ~사이에

<u>long</u> 긴

There is a long discussion among them.
그들 사이에 긴 논의가 있다.

beyond prep ~너머

<u>beyond</u> ~너머

<u>young</u> 젊은, 어린

To be young and beautiful is beyond her ability.
젊어지고 아름다워지는 것은 그녀의 능력 밖에 있다.

through prep ~을 통해

<u>through</u> ~을 통해

<u>though</u> 비록 ~일지라도

Though he was tired, he still danced through the night.
비록 그는 피곤했지만 밤새 춤을 췄다.

till prep ~까지

till ~까지
ill 아픈

He listened to the music till he felt ill.
그는 아플 때까지 음악을 들었다.

toward prep ~쪽으로

toward ~쪽으로
forward 앞으로

The Big Feet moved forward and toward him.
빅풋(북미 서부에 살고 있는 것으로 여겨지는 온몸이 털로 덮인 원숭이)이 그를 향하여 움직였다.

upon prep ~위

upon ~위
on ~위에

He climbs upon a horse on the wrong side.
그는 잘못된 방향으로 말위에 올라탄다.

Topic

27

upper a 위쪽의

upper 위쪽의
supper 저녁식사

She gives me suppers from the upper floor.
그녀는 위층에서 나에게 저녁식사를 준다.

| 전치사 Prepositions |

 Tip

- Knowledge is power. 아는 것이 힘이다.
- No pain, no gain. 고통 없이는 얻는 게 없다.
- Everyone to his taste. 각인각색
- Old habits die hard. 세 살 버릇 여든까지 간다.

Conjunctions
접속사

neither
conj 어느 것도 ~아니다

neither 어느 것도 ~아니다
nor ~도 아니다

We have neither coffee nor tea.
우리는 커피도 차도 없다.

nor **conj** ~도 아니다

nor ~도 아니다
neither 어느 것도 ~아니다

We have neither coffee nor tea.
우리는 커피도 차도 없다.

Other Nouns
기타 명사

accident **n** 사고

accident 사고
president 대통령

An accident happened to the president.
대통령에게 사고가 일어났다.

activity **n** 활동

activity 활동

active 활동적인

He is active. He has many activities every day.
그는 활동적이다. 그는 매일 많은 활동들을 한다.

advertisement **n** 광고

advertisement 광고

government 정부

The government made an advertisement.
정부는 광고를 만들었다.

advice **n** 조언

advice 조언

vice- 부-

The vice-principal gave him an advice.
부교장(교감)은 그에게 조언을 했다.

album **n** 앨범

album 앨범

alarm 불안

Everyone in this album looks alarmed.
이 앨범 속에 있는 모든 사람들은 불안해 보인다.

anger **n** 화

anger 화

angel 천사

I think this angel is in anger.
나는 이 천사가 화가 났다고 생각한다.

기타 명사 Other Nouns

Topic
29

359

army n 군대

army 군대
Amy Amy(사람 이름)

Amy is in the **army**.
Amy는 군대에 있다.

attention n 집중

attention 집중
attendee 참석자

All the **attendees** are not paying **attention** to the meeting.
모든 참석자들이 회의에 집중하지 않고 있다.

balloon n (열기구) 풍선

balloon (열기구) 풍선
moon 달

They stay in the **balloon** until the **moon** comes out.
그들은 달이 나올 때까지 열기구 안에 있다.

beauty n 아름다움

beauty 아름다움
Betty Betty(사람 이름)

Betty is quite a **beauty**.
Betty는 상당히 아름답다.

beginner n 초보자

beginner 초보자
beginning 시작

It is a good **beginning** for a **beginner**.
그것은 초보자에게 좋은 시작이다.

beginning n 시작

beginning 시작
beginner 초보자

It is a good beginning for a beginner.
그것은 초보자에게 좋은 시작이다.

blood n 피

blood 피
good 좋은

To a mosquito, blood is a good food.
모기에게 피는 좋은 식량이다.

bomb n 폭탄

bomb 폭탄
thumb 엄지

He pushed the bomb button with his thumb.
그는 엄지로 폭탄 버튼을 눌렀다.

---

branch n 분점

branch 분점
France 프랑스

This store has a branch in France.
이 가게는 프랑스에 분점이 있다.

---

bundle n 묶음

bundle 묶음
noodle 국수

He is eating a bundle of noodles.
그는 국수 한 묶음을 먹고 있다.

기타명사 Other Nouns

Topic
29

361

cable n 케이블

cable 케이블
able ~할 수 있는

He is not able to set up the cable.
그는 케이블을 설치할 수 없다.

captain n 선장, 기장

captain 선장
capture 사로잡다

Someone captured the captain.
누군가가 선장을 체포했다.

century n 100년, 세기

century 100년, 세기
country 나라

This country has entered the century of the computer.
이 나라는 컴퓨터 세기(시대)에 들었다.

channel
n 주파수대, 수로, 해협

channel 주파수대
tunnel 터널

You can't get a channel in the tunnel.
터널 안에서는 주파수를 맞출 수 없다.

character
n 등장인물, 캐릭터

character 등장인물
actor 배우

Hamlet is this actor's favorite character.
햄릿은 이 배우가 가장 좋아하는 등장인물이다.

chart n 도표

chart 도표

heart 심장

This chart tells the condition of his heart.
이 도표는 그의 심장 상태를 말해준다.

childhood n 어린시절

childhood 어린시절

child 아이

This child is enjoying his childhood.
이 아이는 그의 어린 시절을 즐기고 있다.

choice n 선택

choice 선택

cheese 치즈

This cheese is its first choice.
이 치즈는 그것의 첫 선택이다.

coach
↓

coach n 코치

coach 코치

couch 소파

Don't touch coach's couch.
코치의 소파를 만지지 마세요.

comment n 지적

comment 지적

common 공통

It is a common comment about him.
그것은 그에 대한 공통적인 지적이다.

기타 명사 Other Nouns |

Topic

29

363

command n 명령

command 명령
commander 사령관

This command is from the commander.
이 명령은 사령관으로부터 온 것이다.

congratulation
n 축하

congratulation 축하
graduation 졸업

Congratulations on the graduation.
졸업을 축하해요

contract n 계약

contract 계약
attract 마음을 끌다

He is attracted by this contract.
그는 이 계약에 마음이 끌렸다.

courage n 용기

courage 용기
court 구애하다, 법정

It takes courage to court.
구애하는 것은 용기가 필요하다.

crime n 범죄

crime 범죄
cry 외치다 / me 나

"Don't kill me!" he cried when he saw the crime.
그가 범죄를 보았을 때
"나를 죽이지 마세요!"라고 외쳤다.

crowd n 무리, 집단

crowd 무리, 집단

crow 까마귀

There is a crowd of crows in the sky.
하늘에 까마귀 무리가 있다.

curve n 곡선

curve 곡선

cure 치유하다

The curve has cured him.
곡선이 그를 치유했다.

damage n 손상

damage 손상

manager 운영자

The manager caused the damage on the computer.
그 운영자는 컴퓨터에 손상을 입혔다.

danger n 위험

danger 위험

dangerous 위험한

He is in danger. The shark is dangerous.
그는 위험에 처해있다. 상어는 위험하다.

기타 명사 Other Nouns

Topic
29

decision n 결심, 결정

decision 결심

exercise 운동하다

His decision is to exercise more.
그의 결심은 운동을 더하는 것이다.

department
n 매장, 부문, 부

department 매장, 부문, 부
apartment 아파트

His apartment is next to a
department store.
그의 아파트는 백화점 옆에 있다.

difference n 차이

difference 차이
difficulty 어려움

They have differences on
how to open the door.
그들은 그 문을 어떻게 여는지에 대한 의견
차이를 갖고 있다.

difficulty n 어려움

difficulty 어려움
difference 차이

They have difficulty in
opening this door.
그들은 이 문을 여는 것에 어려움을 갖고 있다.

direction n 방향

direction 방향
direct 안내하다

He directs him the direction
of the church.
그는 그에게 교회 방향을 안내한다.

discussion n 논의

discussion 논의
discuss 논의하다

They discuss. The discussion is
about the breakfast.
그들은 논의하고 있다. 그 논의는 아침식사에
대한 것이다.

duty n 업무, 의무

duty 업무, 의무
beauty 미인, 아름다운

This beauty is on duty.
이 미인은 업무 중이다.

edge n 끝

edge 끝
judge 판사

This judge is on the edge of rage.
이 판사는 분노의 끝에 있다.

education n 교육

education 교육
vacation 방학

He continues his education during his vacation.
그는 방학 동안 교육을 계속한다.

effort n 수고

effort 수고
for ~을 위해

It takes effort for sending this gift.
이 선물을 보내기 위해서는 노력이 든다.

emotion n 감정

emotion 감정
motion 동작

His every motion is full of emotion.
그의 모든 동작은 감정으로 가득하다.

기타 명사 Other Nouns

Topic

29

enemy ⓝ 적

enemy 적
energy 활기

His **enemy** is full of **energy**.
그의 적은 활기가 넘친다.

energy ⓝ 활기

energy 활기
enemy 적

His **enemy** is full of **energy**.
그의 적은 활기가 넘친다.

engine ⓝ 엔진

engine 엔진
engineer 기술자

This **engineer** is checking the **engine**.
이 기술자는 엔진을 확인하고 있다.

entrance ⓝ 입구

entrance 입구
enter 들어가다, 진입하다

You need to **enter** from the **entrance**.
너는 입구로 들어와야 한다.

error ⓝ 실수, 오류

error 실수
mirror 거울

This **mirror** made an **error**.
이 거울은 실수를 범했다.

event ⓝ 사건, 행사

event 사건, 행사

even ~도, ~조차

Even this kind of **event** is
not allowed.
이런 종류의 사건도 허용되지 않는다.

exit ⓝ 출구

exit 출구

it 그것

It is the **exit** on the left.
왼쪽에 있는 것은 출구이다.

fault ⓝ 잘못

fault 잘못

adult 어른

This is the **adult's fault.**
이것은 어른의 잘못이다.

fear ⓝ 두려움

fear 두려움

bear 곰

He has a great **fear** of
bears.
그는 곰에 대해 엄청난 두려움을 갖고 있다.

fee ⓝ 요금

fee 요금

feed 먹이다

You need to pay the **fee** to
feed cows.
너는 소에게 먹이를 주기 위해서 요금을
내야 한다.

기타 명사 Other Nouns

Topic
29

369

feeling ⓝ 기분, 느낌

feeling 기분, 느낌
feel 느끼다

"How do you feel?"
"I have a bad feeling."
"기분이 어때?" "기분이 좋지 않아."

flag ⓝ 깃발

flag 깃발
fly 날리다

There are many flags flying in the air.
공기 중에 날리고 있는 많은 깃발들이 있다.

flight ⓝ 비행

flight 비행
fly 파리

This fly is having a nice flight.
이 파리는 멋진 비행을 하고 있다.

freedom ⓝ 자유

freedom 자유
kingdom 왕국

Every animal has its freedom in this kingdom.
모든 동물은 이 왕국에서 자유를 갖는다.

friendship ⓝ 우정

friendship 우정
friend 친구 / ship 배

These two friends built their friendship on a ship.
이 두 친구들은 배에서 그들의 우정을 쌓았다.

gesture ⁿ 몸짓

gesture 몸짓

culture 문화

Different gestures have different meanings in different cultures.
다른 몸짓은 다른 문화에서 다른 의미를 가진다.

goal ⁿ 목표

goal 목표

golf 골프

His goal is to win the golf championship.
그의 목표는 골프 선수권 대회에서 우승하는 것이다.

God ⁿ 하나님

God 하나님

good 선한, 좋은

God is good.
하나님은 선하시다.

goodness ⁿ 선량한

goodness 선량한

good 좋은

People overlook the goodness of this good man.
사람들은 이 좋은 남자의 선량함을 간과한다.

government ⁿ 정부

government 정부

advertisement 광고

The government made an advertisement.
정부는 광고를 만들었다.

| 기타 명사 Other Nouns |

Topic
29

371

gun n 총

gun 총

young 어린

This young kid has a water gun.
이 어린 아이는 물총을 갖고 있다.

haircut n 이발

haircut 이발

hair 머리카락

His hair needs a haircut.
그의 머리카락은 이발이 필요하다.

honesty n 정직

honesty 정직

honey 꿀

I am a bear of honesty.
I just want honey.
나는 정직한 곰이에요.
나는 단지 꿀을 원해요.

human n 인간

human 인간

humor 유머

A human needs some humor.
인간은 조금의 유머가 필요하다.

humor n 유머

humor 유머

human 인간

A human needs some humor.
인간은 조금의 유머가 필요하다.

hunger n 배고픔

hunger 배고픔

hunter 사냥꾼

These hunters have hunger.
이 사냥꾼들은 배고프다.

importance n 중요성

importance 중요성

important 중요한

Exercise is important. He knows the importance of exercise.
운동은 중요하다. 그는 운동의 중요성을 안다.

income n 수입

income 수입

come 오다

He comes here to earn some income.
그는 약간의 수입을 벌기 위해 이곳에 온다.

influence n 영향

influence 영향

flu 감기

This flu has some influence on him.
이 감기는 그에게 조금의 영향이 있다.

information n 정보

information 정보

for ~의

There is important information for this instrument.
이 악기의 중요한 정보가 있다.

기타 명사 Other Nouns

Topic
29

373

invitation n 초대

invitation 초대

invite 초대하다

No one invites it.

It didn't get an invitation.

아무도 그것을 초대하지 않았다. 그것은
초대를 받지 않았다.

joke n 농담, 우스개

joke 농담

Joe Joe(사람 이름)

Joe reads a joke.

Joe는 유머 있는 글을 읽는다.

kingdom n 왕국

kingdom 왕국

king 왕

He is a king in his kingdom.

그는 그의 왕국에서 왕이다.

leaf n 나뭇잎

leaf 나뭇잎

deaf 귀가 먹은

The deaf man can't hear
the music of the leaf.

그 귀가 먹은 남자는 잎으로 내는 음악소리
를 듣지 못한다.

level n 수준

level 수준

Eve Eve(사람 이름)

Eve keeps her scores on
the same level.

Eve는 동일한 수준의 점수를 유지한다.

locker
n 개인 물품 보관함, 로커

locker 개인 물품 보관함
lock 가두다

Someone locked a cock in the locker.
누군가가 물품 보관함 안에 수탉을 가두었다.

manner n 태도

manner 태도
man 남자

He is a man with good manners.
그는 훌륭한 태도를 가진 남자이다.

mass n 대량, 무리

mass 대량
message 메시지

He received a mass of messages.
그는 대량의 메시지를 받았다.

meaning n 의미

meaning 의미
earning 벌기

To him, the meaning of success is earning money.
그에게 성공의 의미는 돈을 버는 것이다.

member n 일원

member 일원
remember 기억하다

Do you remember these members?
너는 이 일원들을 기억하니?

| 기타명사 Other Nouns |

Topic

29

375

message n 메시지

message 메시지

mass 대량

He received a mass of messages.
그는 대량의 메시지를 받았다.

metal n 금속

metal 금속

mental 정신

The man with a metal detector may have mental problem.
금속 탐지기를 지닌 그 남자는 아마 정신적인 문제를 갖고 있을지도 모른다.

method n 방법

method 방법

math 수학

He uses some method to do the math.
그는 수학을 하기 위해 몇 가지 방법을 사용한다.

motion n 동작

motion 동작

emotion 감정

His every motion is full of emotion.
그의 모든 동작은 감정으로 가득하다.

movement n 움직임

movement 움직임

move 움직이다

He didn't move. He sat there without movement.
그는 움직이지 않았다. 그는 움직임 없이 거기에 앉아있었다.

nest ⓝ 둥지

nest 둥지

ho<u>nest</u> 정직한

An honest fox is next to a nest.
정직한 여우가 둥지 옆에 있다.

object ⓝ 물건

object 물건

re<u>ject</u> 거부하다

He rejects using this object anymore.
그는 더 이상 이 물건을 사용하는 것을 거부한다.

operation ⓝ 작동

operation 작동

station 역

The operation of this train station is not well.
이 기차역의 작동은 잘되지 않는다.

opinion ⓝ 의견

opinion 의견

onion 양파

What is your opinion about onions?
양파에 대한 너의 의견은 무엇이니?

pattern ⓝ 무늬, 패턴

pattern 무늬, 패턴

path 길

The paths he made have become a pattern.
그가 만든 길은 무늬가 되었다.

| 기타 명사 Other Nouns |

Topic

29

peace n 평화

peace 평화

race 경주하다

They race for peace.
그들은 평화를 위해 경주한다.

period n 기간

period 기간

experience 경험

He gained a lot of experience in this period.
그는 이 기간에 많은 경험을 얻었다.

pile n 더미

pile 더미

file 파일

There are piles of files on his desk.
그의 책상 위에 파일 더미들이 있다.

pollution n 오염

pollution 오염

population 주민, 인구

The population here has caused the pollution in this area.
이곳의 주민은 이 지역에 오염을 일으켜왔다.

population
n 주민, 인구

population 주민, 인구

pollution 오염

The population here has caused the pollution in this area.
이곳의 주민은 이 지역에 오염을 일으켜왔다.

powder n 가루

powder 가루

power 힘

This powder gives him a lot of power.

이 가루는 그에게 많은 힘을 준다.

pressure n 압박, 압력

pressure 압박, 압력

express 표현하다

He is expressing the pressure he is having.

그는 그가 가지고 있는 압박을 표현하고 있다.

production n 생산

production 생산

produce 생산하다

They produce gifts. Their production is huge.

그들은 선물들을 생산한다. 그들의 생산은 엄청나다.

progress n 진전, 진행

progress 진전, 진행

program 프로그램

He made some progress in this program.

그는 이 프로그램에서 약간의 진전이 있었다.

project n 계획

project 계획

reject 거부하다

He rejects this learning project.

그는 이 학습 계획을 거부한다.

| 기타 명사 Other Nouns |

Topic **29**

purpose ⓝ 목적

purpose 목적

purse 핸드백, 지갑

The purpose of the purse is to walk her dog.

그 핸드백의 목적은 그녀의 개를 산책시키는 것이다.

reason ⓝ 이유

reason 이유

season 계절

The seafood season is a good reason for fishing.

해산물 계절은 낚시를 위한 충분한 이유이다.

result ⓝ 결과

result 결과

insult 모욕

This result is an insult to him.

이 결과는 그에게 모욕이다.

role ⓝ 역할

role 역할

hole 구멍

He plays a role where he hides in a hole.

그는 구멍 속에 숨어 있는 역할을 연기한다.

root ⓝ 뿌리

root 뿌리

boot 부츠

A plant grows a root on his boot.

식물이 그의 부츠에서 뿌리를 내린다.

safety n 안전

safety 안전
safe 안전한

This is a place of safety. He is safe.
이곳은 안전한 장소이다. 그는 안전하다.

sample n 샘플

sample 샘플
simple 단순한

There is a simple symbol on this sample.
이 샘플에 단순한 기호가 있다.

sand n 모래

sand 모래
sandwich 샌드위치

His sandwich fell on the sand.
그의 샌드위치가 모래 위로 떨어졌다.

scene
n (연극 · 오페라의) 장면, 광경

scene (연극 · 오페라의) 장면, 광경
scenery 경치

This scene has beautiful scenery.
이 장면에는 아름다운 경치가 있다.

scenery n 경치

scenery 경치
scene (연극 · 오페라의) 장면, 광경

This scene has beautiful scenery.
이 장면에는 아름다운 경치가 있다.

기타 명사 Other Nouns

Topic

29

381

limit n 허용치, 한계

limit 허용치, 한계
it 그것

Its speed is under the limit.
그것의 속도는 허용치 미만이다.

handle n 손잡이

handle 손잡이
hand 건네다

She handed him his car handle.
그녀는 그에게 그의 차 손잡이를 건넸다.

trace n 흔적

trace 흔적
place 장소

Someone left a trace in this place.
누군가가 이 장소에 흔적을 남겼다.

ease n 쉬움, 편안함

ease 쉬움, 편안함
east 동쪽의

They sail to the east with ease.
그들은 쉽게 동쪽으로 항해한다.

rush n 분주함

rush 분주함
brush 칫솔질을 하다

He brushes his teeth in a rush.
그는 아주 바쁘게 이를 닦는다.

secret n 비밀의

secretary 비밀의

secret 비밀

My **secretary** told me his **secret**.

내 비서는 그의 비밀을 나에게 말해주었다.

section n 부분

section 부분

insect 곤충

This **insect** will be cut in several **sections**.

이 곤충은 몇 개의 부분으로 절단될 것이다.

service n 서비스

service 서비스

serve 시중들다, 제공하다

She **serves** well. She gives good **service**.

그녀는 시중을 잘 든다. 그녀는 훌륭한 서비스를 한다.

shore n 해안

shore 해안

shorts 반바지

He wears **shorts** on the **shore**.

그는 해안에서 반바지를 입는다.

silence
n 침묵, 적막, 고요

silence 침묵

excellence 우수한

The **silence** is his **excellence**.

침묵은 그의 우수한 면이다.

기타 명사 Other Nouns

Topic

29

383

skill n 기술

skill 기술

kill 죽이다

His killing skill is good.

그의 살해 기술은 뛰어나다.

society n 사회

society 사회

social 사회의

This society needs good social workers.

이 사회는 훌륭한 사회 복지사가 필요하다.

soul n 정신, 마음

soul 정신

soup 국, 수프

This group put all their soul into the soup.

이 그룹은 그들의 모든 정신을 수프에 쏟아 부었다.

speech n 연설

speech 연설

speed 속도

He gave a speech with very high speed.

그는 매우 빠른 속도로 연설을 했다.

speed n 속도

speed 속도

speech 연설

He gave a speech with very high speed.

그는 매우 빠른 속도로 연설을 했다.

spirit **n** 정신

spirit 정신
writer 작가

This writer has the spirit of adventure.
이 작가에게는 모험 정신이 있다.

state **n** 국가, 상태

state 국가, 상태
statement 성명서

This state has announced a statement.
이 국가는 성명서를 발표했다.

steam **n** 증기

steam 증기
team 팀

An animal team is on the steam train.
동물 팀이 증기 기관차에 있다.

step **n** 디디다 **v** 발걸음

step 디디다, 발걸음
stone 돌

He steps on the only stone.
그는 오직 돌만 디딘다.

stone **n** 돌

stone 돌
step 디디다, 발걸음

He steps on the only stone.
그는 오직 돌만 디딘다.

기타 명사 Other Nouns

Topic
29

385

style　n 스타일, 유행, 방식

style 스타일
type 유형, 타입

This kind of style is not my type.
이런 종류의 스타일은 내 유형이 아니다.

success　n 성공

success 성공
necessary 필요한

Working hard is necessary for success.
열심히 일하는 것은 성공을 위해 필요하다.

symbol　n 상징

symbol 상징
simple 단순한

There is a simple symbol on this sample.
이 샘플에는 단순한 상징이 있다.

system　n 체계, 장치

system 체계
sister 여동생, 언니, 누나

My sister doesn't know this system.
내 여동생은 이 체계를 모른다.

talent　n 재능

talent 재능
silent 조용한

He is a silent man with great talent.
그는 대단한 재능을 가진 조용한 남자이다.

tear ⓝ 눈물

tear 눈물

fear 공포

This film is filled with fears and tears.
이 영화는 공포와 눈물로 가득했다.

term ⓝ 학기, 용어

term 학기, 용어

team 팀

She joined the boxing team this term.
그녀는 이번 학기에 복싱팀에 가입했다.

다 드디어

롯 드디어!

thief ⓝ 도둑

thief 도둑

thirteen 13, 열셋

There are thirteen thieves on the street.
13명의 도둑들이 길 위에 있다.

thought ⓝ 생각

thought 생각

though 비록 ~일지라도

Though he missed the bus, he has no thought of being late.
그는 비록 버스를 놓쳤지만 지각할 생각은 없다.

| 기타 명사 Other Nouns |

title ⓝ 직함, 제목

title 직함

little 어린, 작은

This little boy has the title of prince.
이 어린 소년은 왕자의 직함을 갖고 있다.

Topic

29

387

topic **n** 주제

topic 주제

to ~에 / pick 고르다

She is going to pick an
easy topic for the speech.
그녀는 연설을 위해 쉬운 주제를 고를 것이
다.

tower **n** 탑

tower 탑

towel 수건

There is a huge towel on
the Eiffel tower.
에펠 탑 위에 큰 수건이 있다.

trade **n** 무역, 거래

trade 무역

grade 등급

This boy learned the trade
at first grade.
이 소년은 1학년 때 무역에 대해 배웠다.

tradition **n** 전통

tradition 전통

position 입장, 자세

The position he took was
based on his family tradition.
그가 취하고 있는 입장은 그의 가족 전통을
기반으로 한 것이다.

treasure **n** 보물

treasure 보물

sure 확신하는

I'm sure I know where the
treasure is.
나는 보물이 어디에 있는지 안다고 확신한
다.

truth n 사실

truth 사실
true 사실인

It is not true. She is not telling the truth.
그것은 사실이 아니다. 그녀는 사실을 말하고 있지 않다.

tunnel n 터널

tunnel 터널
channel 주파수

You can't get a channel in the tunnel.
터널 안에서 주파수를 맞출 수 없다.

universe n 우주

universe 우주
university 대학

He learns the beauty of the universe at the university.
그는 대학에서 우주의 아름다움을 배운다.

value n 가치

value 가치
valuable 소중한

The value of that ring is high. It is valuable.
저 반지의 가치는 높다. 그것은 소중하다.

victory n 승리

victory 승리
story 이야기

This is a story about its victory.
이것은 그것의 승리에 대한 이야기이다.

기타 명사 Other Nouns

Topic

29

389

war ⁿ 전쟁

war 전쟁

was ~이었다

That was a war between gold and silver medals.
그것은 금메달과 은메달 사이에서의 전쟁이었다.

내 떠리 장식

wedding ⁿ 결혼식

wedding 결혼식

Wednesday 수요일

They had a wedding on Wednesday.
그들은 수요일에 결혼식을 올렸다.

---

wood ⁿ 나무

wood 나무

woods 수풀 산림

He brings home wood from the woods.
그는 수풀 산림에서 나무를 집으로 가져온다.

net ⁿ 그물

net 그물

get 가지다 / let ~하자

Let's get some butterflies with nets.
그물로 나비 몇 마리를 잡자.

공평

principle ⁿ 원칙

principle 원칙

principal 교장

He is a principal of principle.
그는 원칙을 갖고 있는 교장이다.

Topic 30

Other Verbs
기타 동사

cause ⓥ ~을 야기하다

cause ~을 야기하다

case 상자

What causes the noise in this case?
무엇이 이 상자 안의 소음을 야기하나요?

aim ⓥ 겨누다, 목표로 하다

aim 겨누다, 목표로 하다

am ~이다

I am aiming at the boy.
나는 소년을 겨누고 있다.

alarm ⓥ 불안하게 만들다

alarm 불안하게 만들다

album 앨범

Everyone in this album looks alarmed.
이 앨범 속에 있는 모든 사람은 불안해 보인다.

court ⓥ 구애하다

court 구애하다

courage 용기

It takes courage to court.
구애하기 위해서는 용기가 필요하다.

기타 동사 Other Verbs

Topic
30

391

debate ^v 토론

<u>debate</u> 토론

<u>date</u> 날짜

They debate on the date of their marriage.
그들은 그들의 결혼 날짜에 대해 토론한다.

desire ^v 갈망하다, 원하다

<u>desire</u> 갈망하다

<u>design</u> 디자인하다

He desired to design something famous.
그는 무언가 유명한 것을 디자인하고자 갈망했다.

lack ^v ~이 부족하다

<u>lack</u> ~이 부족하다

<u>black</u> 검은

This panda lacks a black color.
이 판다는 검은색이 부족하다.

link ^v 연결하다

<u>link</u> 연결하다

<u>sink</u> 싱크대

I wonder to where does this sink link.
나는 이 싱크대가 어디로 연결되는지 궁금하다.

poison ^v 독살하다

<u>poison</u> 독살하다

<u>position</u> 자세

Based on the position, it is poisoned.
자세에 근거하여, 그것은 독살되었다.

report v 보도하다

report 보도하다

sport 스포츠

He reports on the sports.
그는 스포츠를 보도한다.

sense v 느끼다

sense 느끼다

tense 긴장한

I sense that he is very
tense.
나는 그가 매우 긴장했음을 느낀다.

complete v 완료하다

complete 완료하다

computer 컴퓨터

He has completed the
computer project.
그는 컴퓨터 프로젝트를 완료했다.

succeed v 성공하다

succeed 성공하다

successful 성공한

He has succeeded. He is a
successful man.
그는 성공했다. 그는 성공한 남자다.

survive v 생존하다

survive 생존하다

sure 확신하다

I am sure he survived.
나는 그가 생존했다고 확신한다.

기타 동사 Other Verbs

Topic

30

393

affect ⓥ 영향을 미치다

affect 영향을 미치다
perfect 완벽한

The rain affects his perfect plan.
비는 그의 완벽한 계획에 영향을 미친다.

blame ⓥ 탓하다

blame 탓하다
game 게임 / me 나

Don't blame me! It is just a game.
나를 탓하지 매! 이건 단지 게임이야.

bother ⓥ 괴롭히다

bother 괴롭히다
brother 남동생, 오빠, 형

His brother bothers him all the time.
그의 남동생은 항상 그를 괴롭힌다.

confuse ⓥ 혼란시키다

confuse 혼란시키다
refuse 거절하다

He is confused. He refuses to learn anymore.
그는 혼란스럽다. 그는 더 이상 배우는 것을 거절한다.

consider
ⓥ 고려하다, 숙고하다

consider 고려하다, 숙고하다
inside ~안에

He is not considering moving inside the house.
그는 집 안으로 움직이는 것을 고려하지 않는다.

develop ⓥ 개발하다

develop 개발하다
envelope 봉투

An envelope for email has been developed.
이메일의 봉투가 개발되었다.

divide ⓥ 나누다

divide 나누다
five 5, 다섯

This insect will be divided into five pieces.
이 곤충은 다섯 조각으로 나누어질 것이다.

doubt ⓥ 의심하다

doubt 의심하다
double 두 개의

I doubt that they would give you a double bed.
나는 그들이 너에게 2인용 침대를 줄지 의심된다.

embarrass
ⓥ 당황하게 만들다

embarrass 당황하게 만들다
Barry Barry(사람 이름)

Barry is very embarrassed.
Barry는 매우 당황했다.

forgive ⓥ 용서하다

forgive 용서하다
for ~을 위해 / give 주다

Please forgive me for giving you such trouble.
당신에게 그런 문제를 주는 것에 대해 저를 용서해주시기 바랍니다.

기타동사 Other Verbs

Topic
30

395

frighten ⓥ 겁먹게 만들다

frighten 겁먹게 만들다

flight 비행

The flight frightens him.
비행은 그를 겁먹게 만든다.

gather ⓥ 모으다

gather 모으다

brother 남동생, 오빠, 형

His brother gathers feathers.
그의 남동생은 깃털을 모은다.

imagine ⓥ 상상하다

imagine 상상하다

magical 마법의

She can't imagine such a magical trip.
그녀는 그러한 마법 여행을 상상할 수 없다.

inspire
ⓥ 영감을 주다, 격려하다

inspire 격려하다

spirit 정신

His spirit of adventure inspired his new book.
그의 모험 정신이 새 책에 영감을 주었다.

realize
ⓥ 알아차리다, 인식하다

realize 알아차리다

real 진짜의

I just realized that it is a real seal.
나는 그것이 진짜 물개라는 것을 막 알아차렸다.

regret ☑ 후회하다

regret 후회하다

great 큰

He regrets making such great trouble.
그는 그러한 큰 문제를 일으킨 것을 후회한다.

remind ☑ 상기시키다

remind 상기시키다

mind 주의하다

I want to remind you to mind the wet paint.
나는 네가 젖은 물감에 주의할 것을 상기시키고 싶다.

bless ☑ 축복하다

bless 축복하다

less 적은

God blesses you with less trouble.
하나님은 당신에게 문제가 덜 생기도록 축복하신다.

bathe ☑ 씻다

bathe 씻다

bat 박쥐

Two bats are bathing in the bathroom.
박쥐 2마리가 화장실에서 씻고 있다.

beat ☑ 이기다

beat 이기다

bean 콩

He was beaten by a bean.
그는 콩 때문에 졌다.

기타동사 Other Verbs

Topic

30

chase ☑ 추적하다

chase 추적하다

chest 상자, 가슴

He is chasing a chest.
그는 상자를 추적하고 있다.

control ☑ 지배하다

control 지배하다

contract 계약

Based on the contract, he is in control of the dog poo in this area.
계약에 기반하여, 그는 이 구역에서 개 배설물을 관리하고 있다.

dial ☑ 전화를 걸다

dial 전화를 걸다

nail 손톱

She can't dial the phone with her nails.
그녀는 손톱 때문에 전화를 걸 수가 없다.

deliver ☑ 배달하다

deliver 배달하다

delicious 맛있는

Someone delivered a delicious cake to us.
누군가가 우리에게 맛있는 케이크를 배달했다.

elect ☑ 선출하다

elect 선출하다

election 선거

He has been elected through the election.
그는 선거를 통해 선출되었다.

exist ⓥ 존재하다

exist 존재하다

is ~이다

He is here to see if the monster exists.

그는 괴물이 존재하는지 보기 위해 이곳에 있다.

greet ⓥ 환영하다

greet 환영하다

green 초록색의

The queen and a green snake are greeting everyone.

여왕과 초록색 뱀은 모두를 환영하고 있다.

lay ⓥ 낳다

lay 낳다

day 하루

This hen lays eggs every other day.

이 암탉은 격일로 알을 낳는다.

lick ⓥ 핥다

lick 핥다

sick 아픈

He is too sick to lick the ice cream.

그는 너무 아파서 아이스크림을 핥을 수가 없다.

lift ⓥ 들어 올리다

lift 들어 올리다

gift 선물

Her gift was too big to lift.

그녀의 선물은 너무 커서 들어 올릴 수가 없다.

| 기타 동사 Other Verbs |

Topic

30

lock ☑ 잠그다

lock 잠그다

cock 수탉

A cock is locked in the clock.

수탉이 시계 안에 갇혀 있다.

mix ☑ 섞다

mix 섞다

six 6, 여섯

He mixed six kinds of food together.

그는 여섯 종류의 음식을 함께 섞었다.

offer ☑ 제공하다

offer 제공하다

office 사무실

The office offers him a mini golf court.

사무실은 그에게 미니 골프 코트를 제공한다.

pause ☑ 잠시 멈추다

pause 잠시 멈추다

false 거짓의

He paused when he heard a false saying.

그는 사실이 아닌 말을 듣고 잠시 멈추었다.

print ☑ 인쇄하다

print 인쇄하다

printer 프린터

Peter prints something from a printer.

Peter는 프린터로 무언가를 인쇄한다.

pump ✔ 펌프질하다

pump 펌프질하다
pumpkin 호박

They pump a pumpkin balloon.
그들은 호박 풍선을 펌프질한다.

produce ✔ 생산하다

produce 생산하다
production 생산품

They produce gifts. Their production is huge.
그들은 선물을 생산한다. 그들의 생산품은 엄청나다.

protect ✔ 보호하다

protect 보호하다
detect 감지하다

A virus has been detected. You need to protect the computer.
바이러스가 감지되었다. 너는 컴퓨터를 보호해야만 한다.

recycle ✔ 재활용하다

recycle 재활용하다
motorcycle 오토바이

His motorcycle is in the recycling center.
그의 오토바이는 재활용센터에 있다.

revise ✔ 수정하다

revise 수정하다
advise 조언하다

I advise you to revise your answer.
나는 너의 대답을 수정하라고 조언한다.

| 기타동사 Other Verbs |

Topic

30

rub ⱽ 문지르다

rub 문지르다
tub 욕조

It rubs its body in the tub.
그것은 욕조에서 몸을 문지른다.

rob ⱽ 도둑질하다

rob 도둑질하다
robot 로봇

Someone robbed Bob's robot.
누군가가 Bob의 로봇을 도둑질했다.

shake ⱽ 흔들다

shake 흔들다
make 만들다

It shakes for making milkshakes.
그것은 밀크셰이크를 만들기 위해 흔든다.

shoot ⱽ 던지다, 쏘다

shoot 던지다, 쏘다
shoes 신발

She shoots her shoes to the wall.
그녀는 벽에 그녀의 신발을 던진다.

shut ⱽ 닫다

shut 닫다
shout 소리치다

He shuts the door and shouts.
그는 그 문을 닫고 소리친다.

steal v 훔치다

steal 훔치다
steak 스테이크

This dog wants to steal the steak.
이 개는 스테이크를 훔치길 원한다.

strike v 파업하다

strike 파업하다
Mike Mike(사람 이름)

Mike often goes on strike.
Mike는 종종 파업을 한다.

trap v 가두다

trap 가두다
trip 여행

He was trapped in his trip.
그는 여행에서 갇혔다.

vote v 투표하다

vote 투표하다
not ~아니다

He may not be able to vote.
그는 투표를 할 수 없을지도 모른다.

hug v 포옹하다

hug 포옹하다
bug 벌레

Two bugs hug.
벌레 두 마리가 포옹한다.

기타 동사 Other Verbs

Topic

30

403

yell V 소리치다

yell 소리치다
fell 떨어졌다

She fell and yelled.
그녀는 떨어졌고 소리를 질렀다.

NO

accept V 받아들이다

accept 받아들이다
except 제외하다

He accepts everything except one thing.
그는 한 개만 제외하고 모든 것을 받아들인다.

엄마! 봐봐!

add V 더하다, 추가하다

add 더하다, 추가하다
all 모든

She added all the points together.
그녀는 모든 점수를 함께 더했다.

admire V 존경하다

admire 존경하다
hire 고용하다

He hired him because he admired him.
그는 그를 존경하기 때문에 그를 고용했다.

advise V 조언하다

advise 조언하다
revise 수정하다

I advise you to revise your answer.
나는 너의 대답을 수정하기를 너에게 조언한다.

allow ▼ 허락하다

allow 허락하다

low 짧은

Low pants are not allowed here.
짧은 반바지는 이곳에서 허용되지 않는다.

apologize
▼ 사과하다

apologize 사과하다

Apollo Apollo(고대 그리스 · 로마의 태양신)

Apollo apologized to him.
Apollo는 그에게 사과했다.

appreciate
▼ 감사하다, 인정하다

appreciate 감사하다

precious 귀한

I appreciate the precious apple.
나는 귀한 사과에 감사한다.

argue ▼ 언쟁하다

argue 언쟁하다

tongue 혀

When they were arguing, his tongue got stuck.
그들이 언쟁하고 있었을 때, 그의 혀가 움직이지 않았다.

arrange
▼ 마련하다, 주선하다, 배열하다

arrange 주선하다, 배열하다

change 변화

He arranged some changes in the farm.
그는 농장에 약간의 변화를 마련했다.

| 기타 동사 Other Verbs |

Topic
30

405

assume 🆅 추정하다

assume 추정하다
sure 확신하다

He assumed that the man was dead. I'm sure he was wrong.
그는 그 남자가 죽었다고 추정했다. 나는 그가 잘못됐다고 확신한다.

avoid 🆅 피하다, 막다

avoid 피하다, 막다
noise 소음

He avoided making any noise.
그는 어떠한 소음도 생기는 것을 피했다.

broadcast 🆅 방송하다

broadcast 방송하다
road 도로

They broadcast news on the road.
그들은 도로에서 뉴스를 방송한다.

burst 🆅 터지다

burst 터지다
purse 지갑

This purse burst with money.
이 지갑은 돈으로 넘친다.

calm 🅽 평온

calm 평온
call 부르다

He called her and asked her to stay calm.
그는 그녀를 불러 진정하라고 부탁했다.

cancel ☑ 취소하다

cancel 취소하다

cancer 암

She cancelled her cancer check.
그녀는 암 검사를 취소했다.

compare ☑ 비교하다

compare 비교하다

are ~이다

They are comparing the size of their bodies.
그들은 그들의 몸 크기를 비교하고 있다.

complain ☑ 불평하다

complain 불평하다

explain 설명하다

She is complaining. He is explaining.
그녀는 불평하고 있다. 그는 설명하고 있다.

concern ☑ 걱정하다

concern 걱정하다

continue 계속하다

I am concerned if she can continue her diet.
나는 그녀가 다이어트를 계속할 수 있을지 걱정된다.

continue ☑ 계속하다

continue 계속하다

concern 걱정하다

I am concerned if she can continue her diet.
나는 그녀가 다이어트를 계속할 수 있을지 걱정된다.

기타 동사 Other Verbs |

Topic

30

407

create
v 만들어내다, 창작하다

create 만들어내다, 창작하다
cream 크림

Someone created the biggest ice cream in the world.
누군가가 세상에서 가장 큰 아이스크림을 만들어냈다.

increase v 증가하다

increase 증가하다
decrease 감소하다

The size of Santa Clause has increased.
산타클로스의 크기가 커졌다.

decrease v 감소하다

decrease 감소하다
increase 증가하다

The size of chimneys has decreased.
굴뚝의 크기가 감소했다.

depend v 의존하다

depend 의존하다
independent 독립적인

"Are you an independent man?" "It depends."
"당신은 독립적인 남자인가요?" "경우에 따라 달라요."

describe
v 말하다, 묘사하다

describe 말하다, 묘사하다
crime 범행, 범죄

He described the crime to the police officer.
그는 경찰관에게 범행을 말했다.

detect ⓥ 발견하다

detect 발견하다
protect 보호하다

A virus has been detected. You
need to protect the computer.
바이러스가 발견되었다. 너는 컴퓨터를 보호
해야만 한다.

direct ⓥ 알려주다, 겨냥하다

direct 알려주다, 겨냥하다
direction 방향

He directs him the direction
of the church.
그는 그에게 교회의 방향을 알려준다.

disappear ⓥ 사라지다

disappear 사라지다
pear 배

This worm disappeared
from the pear.
이 벌레는 배에서 사라졌다.

discover ⓥ 발견하다

discover 발견하다
cover 덮다

We discovered that
someone covered the
tower.
우리는 누군가가 타워를 가린 것을 발견했다.

discuss ⓥ 의논하다

discuss 의논하다
discussion 토론

They discuss. The discussion
is about the breakfast.
그들은 의논한다. 그 토론은 아침 식사에
대한 것이다.

| 기타 동사 Other Verbs |

Topic
30

emphasize Ⅴ 강조하다

emphasize 강조하다

elephant 코끼리

This elephant emphasizes her perfect size.
이 코끼리는 그녀의 완벽한 크기를 강조한다.

envy Ⅴ 부러워하다

envy 부러워하다

navy 해군

I envy my friend in the navy.
나는 해군에 있는 내 친구를 부러워한다.

YES!

excite Ⅴ 흥분시키다

excite 흥분시키다

exciting 신나는

This exciting news excites him.
이 신나는 소식은 그를 흥분시킨다.

뚱파리!

뚱뚱한 벌레

expect Ⅴ 기대하다

expect 기대하다

respect 존경하다

I expect that everyone should respect each other.
나는 모두가 서로를 존경하기를 기대한다.

express Ⅴ 표현하다

express 표현하다

pressure 압박

He is expressing the pressure he is having.
그는 그가 갖고 있는 압박을 표현하고 있다.

fancy ⓥ 끌리다, 반하다

fancy 끌리다, 반하다

fan 압박

Many of his fans really
fancy him.
많은 그의 팬들이 정말 그에게 반한다.

fit ⓥ 맞다

fit 맞다

it 그것

Does it fit?
그것이 잘 맞니?

focus ⓥ 집중하다

focus 집중하다

customer 고객

We really focus on our
customer service.
우리는 고객 서비스에 정말 집중한다.

form ⓥ 형성시키다

form 형성시키다

from ~로부터

These men from the same
office formed a club.
같은 사무실에서 온 남자들은 동호회를
만들었다.

gain ⓥ 얻다

gain 얻다

again 다시

He gained the first place
again.
그는 다시 1등의 자리를 얻었다.

| 기타동사 Other Verbs |

Topic

30

411

improve ☑ 향상시키다

improve 향상시키다
prove 증명하다

We can prove that he has improved.
우리는 그가 향상되었다는 것을 증명할 수 있다.

include ☑ 포함하다

include 포함하다
club 동호회

Including him, there are four members in this club.
그를 포함해서, 이 동호회에는 4명의 일원들이 있다.

ignore ☑ 무시하다

ignore 무시하다
more 더

The more she asks, the more it ignores her.
그녀가 더 많이 요구할수록 그것은 그녀를 더 무시한다.

indicate
☑ 표시하다, 나타내다

indicate 표시하다
cat 고양이

The cat indicates of having more drink.
고양이는 더 많은 음료수를 가지고 있다고 보여준다.

insist ☑ 주장하다, 고집하다

insist 주장하다
sister 언니, 누나, 여동생

His sister insists on fighting with the monster.
그의 누나는 괴물과 싸울 것을 주장한다.

interrupt v 방해하다

interrupt 방해하다

interesting 재미있는

This kid always interrupts when he plays interesting games.

이 아이는 그가 재미있는 게임을 할 때 항상 방해한다.

introduce v 소개하다

introduce 소개하다

produce 생산하다

He introduced to me a factory which produces gifts.

그는 선물을 생산하는 공장을 나에게 소개했다.

invent v 발명하다

invent 발명하다

event 사건, 사고

He invented a mask for use in the event of a computer virus.

그는 컴퓨터 바이러스 사건에 사용하기 위해 마스크를 발명했다.

match v 어울리다

match 어울리다

watch 시계

These two watches match.

이 두 개의 시계가 어울린다.

obey v 순종하다

obey 순종하다

baby 아기

Oh, baby, please obey.

오, 아가야, 제발 순종해.

기타 동사 Other Verbs

Topic

30

413

omit V 누락시키다

omit 누락시키다

it 그것

There is a wrong spelling, omit it.

잘못된 철자가 있어요. 그것을 빼세요.

pardon V 용서하다

pardon 용서하다

garden 정원

Please pardon the darkness of my garden.

저의 정원의 어둠을 용서해주세요.

pollute V 오염시키다

pollute 오염시키다

population 주민

The population here has polluted this area.

여기 주민들이 이 지역을 오염시켰다.

praise V 칭찬하다

praise 칭찬하다

raise 올리다

He raised his hand and praised her.

그는 그의 손을 올리고 그녀를 칭찬했다.

promise V 약속하다

promise 약속하다

provide 제공하다

He promised to provide me the land.

그는 나에게 땅을 제공하기로 약속했다.

provide V 제공하다

provide 제공하다

promise 약속하다

He promised to provide me the land.

그는 나에게 땅을 제공하기로 약속했다.

quit V 포기하다, 그만두다

quit 포기하다

quiz 시험, 퀴즈

He quit taking the quiz.

그는 시험 보는 것을 포기했다.

reach
V 손을 뻗다, 도달하다

reach 손을 뻗다

each 각각

Each kid is reaching for the ice cream.

각각의 아이들이 아이스크림을 잡으려고 손을 내밀고 있다.

receive V 받다

receive 받다

expensive 비싼

She received an expensive gift.

그녀는 비싼 선물을 받았다.

refuse V 거절하다

refuse 거절하다

confuse 혼란시키다

He is confused. He refuses to learn anymore.

그는 혼란스럽다. 그는 더 이상 배우는 것을 거절한다.

기타 동사 Other Verbs

Topic

30

415

reject [v] 거부하다

re<u>ject</u> 거부하다
sub<u>ject</u> 과목

He rejects learning any subject.
그는 어느 과목을 공부하는 것을 거부한다.

rent [v] 빌리다

<u>rent</u> 빌리다
an<u>cient</u> 아주 오래된, 고대의

He rented an ancient house.
그는 아주 오래된 집을 빌렸다.

respect [v] 존경하다

re<u>spect</u> 존경하다
ex<u>pect</u> 기대하다, 생각하다

I expect that everyone should respect each other.
나는 모두가 서로를 존경하기를 기대한다.

return [v] 돌아가다

re<u>turn</u> 돌아가다
<u>turn</u> 돌다

He turned around and returned home.
그는 돌아서 집으로 돌아갔다.

ruin [v] 망치다

r<u>uin</u> 망치다
r<u>ain</u> 비

The rain has ruined his plan.
비가 그의 계획을 망쳤다.

solve ☑ 해결하다

<u>solve</u> 해결하다

<u>s</u>i<u>l</u>ver 은

The silver and gold medals
solved their problem.
은메달과 금메달이 그들의 문제를 해결했다.

satisfy ☑ 만족시키다

<u>sat</u>i<u>s</u>fy 만족시키다

<u>sat</u> 앉았다 / <u>is</u> ~이다

He sat with her yesterday.
He is satisfied.
그는 어제 그녀와 같이 앉았다. 그는 만족했다.

search ☑ 찾아보다

<u>sear<u>ch</u> 찾아보다

<u>ch</u>ur<u>ch</u> 교회

He searches a church.
그들은 교회를 찾는다.

seem
☑ ~인 것 같다, 보이다

<u>see</u>m ~인 것 같다, 보이다

<u>see</u> 보다

They seem to see
something horrible.
그들은 무언가 끔찍한 것을 보는 것 같다.

공장장 선출

select ☑ 선출하다

<u>select</u> 선출하다

<u>elect</u>ion 투표

They selected a nice man
in this election.
그들은 이번 투표에서 괜찮은 남자를 선출
했다.

기타동사 Other Verbs

Topic
30

417

serve ⓥ 시중들다, 제공하다

se<u>rve</u> 시중들다

<u>serv</u>ant 하인

He is served by seventeen servants.

그는 17명의 하인들로부터 시중을 받았다.

suggest ⓥ 제안하다

<u>suggest</u> 제안하다

<u>suggest</u>ion 제안

I suggest that the suggestion box should be lower.

나는 건의함 상자가 더 낮아져야 한다고 제안한다.

support ⓥ 지지하다

sup<u>port</u> 지지하다

im<u>port</u>ant 중요한

It is important that we support each other.

우리가 서로를 지지하는 것은 중요하다.

trust ⓥ 신뢰하다

t<u>rust</u> 신뢰하다

<u>must</u> ~해야 한다

We must trust each other.

우리는 서로를 신뢰해야 한다.

waste ⓥ 낭비하다

<u>waste</u> 낭비하다

<u>taste</u> 맛

Don't waste it. It tastes good.

그것을 낭비하지 마세요. 그것은 맛이 좋아요.

Topic 31

Check List
1 2 3 4 5

Other Adjectives
기타 형용사

absent ⓐ 결석한

absent 결석한
sent 보냈다

He is absent. So, he sent me a card and a cake.
그는 결석했다. 그래서 그는 나에게 카드와 케이크를 보냈다.

blank ⓐ 빈

blank 빈
blanket 담요

It wrote on this blank blanket.
그것은 이 빈 담요에 글씨를 적었다.

alive ⓐ 살아있는

alive 살아있는
live 살다

A man lives there. Is he still alive?
한 남자가 저기 살고 있어요. 그는 여전히 살아있나요?

alone ⓐ 혼자

alone 혼자
lonely 외로운

He is not alone, but he is lonely.
그는 혼자가 아니지만 그는 외롭다.

ancient
a 아주 오래된, 고대의

ancient 아주 오래된
rent 빌리다

He rented an ancient house.
그는 아주 오래된 집을 빌렸다.

asleep **a** 잠이 든

asleep 잠이 든
sleepy 졸린

They weren't just sleepy. They were asleep.
그들은 단순히 졸린 것이 아니었다. 그들은 잠이 들었다.

available
a 이용할 수 있는

available 이용할 수 있는
comfortable 편안한

This table is available and comfortable.
이 책상은 이용할 수 있고 편안하다.

basic **a** 기본적인

basic 기본적인
base 기지

They are at the base, practicing basic skills.
그들은 기지에서 기본기를 연습하고 있다.

broad **a** 넓은

broad 넓은
road 도로

A broad board dropped on the road.
넓은 판자가 길 위에 떨어졌다.

classical a 고전적인

classical 고전적인

class 교실

This class is playing classical music.
이 교실은 고전 음악이 나오고 있다.

colorful a 다채로운

colorful 다채로운

collar 깃, 카라

His collar is very colorful.
그의 깃은 매우 다채롭다.

crowded a 붐비는

crowded 붐비는

crow 까마귀

The sky is crowded with crows.
하늘이 까마귀들로 붐빈다.

electric a 열광하게 하는

electric 열광하게 하는

election 선거

This election has an electric result.
이번 선거는 열광하게 하는 결과가 나왔다.

equal a 동일한

equal 동일한

quarter 4분의 1

Twenty five cents is equal to a quarter.
1센트 25개는 quarter(25센트 동전)와 같다.

421

false a 사실이 아닌, 틀린

false 사실이 아닌, 틀린
pause 멈추다

He paused when he heard a false saying.
그는 사실이 아닌 말을 들었을 때 멈췄다.

fantastic a 환상적인

fantastic 환상적인
taste 맛

The taste of this wine is fantastic.
이 와인의 맛은 환상적이다.

fair a 맑은, 적당한

fair 맑은
air 공기

The weather is fair. The plane is in the air.
날씨가 맑다. 비행기가 공기 중에 있다.

fashionable
a 유행하는

fashionable 유행하는
fashion 유행

She loves fashion. She wears a fashionable dress.
그녀는 유행을 사랑한다. 그녀는 유행하는 드레스를 입고 있다.

formal a 격식을 차린

formal 격식을 차린
former 예전의

His former girlfriend is quite formal.
그의 예전 여자친구는 상당히 격식을 차린다.

former a 예전의

former 예전의
formal 격식을 차린

His former girlfriend is quite formal.
그의 예전 여자친구는 상당히 격식을 차린다.

general
a 일반적인, 전반적인

general 일반적인
generous 자비로운

In general, he is generous.
일반적으로, 그는 자비롭다.

homesick
a 향수병을 앓는

homesick 향수병을 앓는
home 집

He misses home. He is homesick.
그는 집이 그립다. 그는 향수병을 앓는다.

horrible a 끔찍한

horrible 끔찍한
terrible 소름끼치는

It is terrible and horrible.
그건 끔찍하고 소름끼친다.

impossible
a 불가능한

impossible 불가능한
possible 가능한

UFO? Is it possible? It is impossible!
UFO? 그게 가능할까요? 그건 불가능해요!

423

independent
a 독립된

independent 독립된
depend 의존하다

"Are you an independent man?" "It depends."
"당신은 독립적인 남자인가요?"
"경우에 따라 달라요."

instant **a** 인스턴트의

instant 인스턴트의
distant 먼

He is distant from the instant noodles.
그는 라면으로부터 먼 거리에 있다.

latest **a** 최근의

latest 최근의
late 늦은

He was late again for his latest flight.
그는 그의 최근 비행에 또 늦었다.

latter **a** 후자의

latter 후자의
letter 편지

Here are Tom and Joe; the latter can write good letters.
여기 Tom과 Joe가 있다; 후자(Joe)가 편지를 더 잘 쓸 수 있다.

likely **a** ~할 것 같은

likely ~할 것 같은
like 좋아하다

He likes Egypt. He will likely stay there.
그는 이집트를 좋아한다. 그는 그곳에서 머물 것 같다.

main ⓐ 주된

main 주된

man 남자

The main goal of this man is to win the golf championship.
그 남자의 주된 목표는 골프 선수권 대회에서 이기는 것이다.

major ⓐ 주요한

major 주요한

mayor 시장

Golf is the major sport of the mayor.
골프는 시장의 주요한 스포츠이다.

marvelous ⓐ 놀라운

marvelous 놀라운

travel 여행

They travelled in a marvelous way.
그들은 놀라운 방법으로 여행했다.

minor ⓐ 작은

minor 작은

mayor 시장

Darts is the minor sport of the mayor.
다트는 시장에게 작은 스포츠이다.

necessary ⓐ 필요한

necessary 필요한

success 성공

Working hard is necessary for success.
열심히 일하는 것은 성공을 위해 필요하다.

negative ⓐ 부정적인

negative 부정적인

relative 친척

His relative took a negative position on this question.
그의 친척은 이 문제에 부정적인 자세를 가졌다.

noisy ⓐ 시끄러운

noisy 시끄러운

nose 코

His nose makes a lot of noisy sound.
그의 코는 시끄러운 소리를 많이 낸다.

ordinary ⓐ 보통의

ordinary 보통의

dictionary 사전

This is an ordinary dictionary.
이것은 보통 사전이다.

overseas ⓐ 해외의

overseas 해외의

sea 바다

He crossed the sea, and lives overseas.
그는 바다를 건너 해외에서 산다.

peaceful ⓐ 평화적인

peaceful 평화적인

peace 평화

The peace race is not very peaceful.
그 평화 경주는 매우 평화적이지 않다.

perfect ⓐ 완벽한

per<u>fect</u> 완벽한

af<u>fect</u> 영향을 미치다

The rain affects his perfect plan.
비는 그의 완벽한 계획에 영향을 미친다.

personal ⓐ 개인의

<u>personal</u> 개인의

<u>person</u> 사람

A person wrote a personal message.
한 사람이 개인적인 메시지를 썼다.

pleasant ⓐ 즐거운

<u>pleas</u>ant 즐거운

<u>pres</u>ent 선물

It should be a pleasant present.
그것은 분명 즐거운 선물일 것이다.

positive ⓐ 긍정적인

<u>positi</u>ve 긍정적인

<u>positi</u>on 자세

His position on this question is very positive.
이 문제에 대한 그의 자세는 매우 긍정적이다.

precious ⓐ 귀중한

<u>prec</u>ious 귀중한

<u>pres</u>ent 선물

It is a precious present.
그것은 귀중한 선물이다.

427

primary a 주요한

primary 주요한
Mary Mary(사람 이름)

To get married is Mary's primary goal.
결혼하는 것은 Mary의 주요한 목표이다.

private
a 개인 소유의, 사적인

private 개인 소유의, 사적인
pirate 해적

This pirate has a private ship.
이 해적에게는 개인 소유의 배가 있다.

rare a 드문

rare 드문
are ~이다

Honesty and sincerity are rare for wolves.
정직함과 성실함은 늑대들에겐 드물다.

regular
a 일반적인, 규칙적인

regular 일반적인
argue 논쟁하다

It is regular for them to argue in the morning.
아침에 논쟁하는 것은 그들에게는 일반적이다.

responsible
a 책임이 있는

responsible 책임이 있는
response 응답

His response is not responsible.
그의 응답은 책임이 없다.

secondary
a 중등 교육의, 이차적인

secondary 중등 교육의, 이차적인
second 둘째의

My second son goes to the secondary school.
내 둘째 아들은 중학교에 간다.

silent **a** 조용한

silent 조용한
talent 재능

He is a silent man with great talent.
그는 멋진 재능을 가진 조용한 남자이다.

similar **a** 비슷한

similar 비슷한
smile 미소

They have similar smiles.
그들은 비슷한 미소를 가졌다.

single **a** 혼자인

single 혼자인
eagle 독수리

This eagle is single.
이 독수리는 혼자이다.

skillful **a** 능숙한

skillful 능숙한
kill 죽이다

He is skillful in killing bugs.
그는 벌레 죽이는 것에 능숙하다.

sleepy a 졸린

sleepy 졸린
asleep 잠이 든

They weren't just sleepy.
They were asleep.
그들은 단지 졸린 것이 아니었다. 그들은
잠이 들었다.

such a 그러한

such 그러한
much 많이

Such a thing is much
needed at the zoo.
그러한 것은 동물원에서 많이 필요하다.

sudden a 갑작스러운

sudden 갑작스러운
supper 저녁식사

She cried all of a sudden
during the supper.
그녀는 저녁식사 동안 갑자기 울었다.

super a 대단한

super 대단한
sugar 설탕

That sugar is super sweet.
그 설탕은 대단히 달다.

terrific a 아주 좋은, 훌륭한

terrific 아주 좋은
traffic 교통

The traffic of this kingdom
is terrific.
이 왕국의 교통은 아주 좋다.

traditional a 전통의

traditional 전통의

national 국가의

Dragon Boat Festival is a traditional and national holiday in Taiwan.

드래곤 보트 축제는 대만에서 전통적이고 국가적인 휴일이다.

unique a 독특한

unique 독특한

uniform 유니폼

This company's uniform is unique.

이 회사의 유니폼은 독특하다.

usual a 평상시의, 보통의

usual 평상시의, 보통의

usually 주로

She usually shops at night. She is shopping, as usual.

그녀는 주로 밤에 쇼핑한다. 그녀는 평상시처럼 쇼핑하고 있다.

valuable
a 소중한, 가치가 큰

valuable 소중한

value 가치

The value of that ring is high. It is valuable.

그 반지의 가치는 높다. 그것은 소중하다.

social a 사회적인

social 사회적인

special 특별한

This social worker is very special.

이 사회복지사는 매우 특별하다.

whole [a] 모든

whole 모든
hole 구덩이, 구멍

His whole body is almost in the hole.
그의 몸 전체가 거의 구덩이 안에 있다.

wild
[a] 사나운, 제멋대로 구는

wild 사나운
child 아이

This child is wild.
이 아이는 사납다.

Other Adverbs
기타 부사

besides [ad] 게다가

besides 게다가
inside ~안에

Besides, there is a snake inside the house.
게다가, 집 안에 뱀이 있다.

therefore
[ad] 그래서, 그러므로

therefore 그래서
there 거기에 / for ~을 위해

There are women in the house, therefore, he went out for some peace.
집안에 여성들이 있다. 그래서, 그는 약간의 평온함을 위해 밖으로 나갔다.

actually ad 실제로

actually 실제로
usually 주로

Actually, he is usually late.
실제로, 그는 주로 늦는다.

altogether ad 전적으로

altogether 전적으로
together 함께

Altogether, we need to work together.
전적으로, 우리는 함께 일할 필요가 있다.

especially ad 특히

especially 특히
special 특별한

They are special, their talk especially.
그들은 특별하고, 그들의 대화는 특히 그렇다.

even ad ~도

even ~도
oven 오븐

He can't even use the oven.
그는 오븐도 사용하지 못한다.

hardly ad 거의 ~아니다

hardly 거의 ~아니다
hard 고된

He hardly takes any rest from his hard work.
그는 고된 일로 거의 휴식을 취하지 못한다.

nearly ad 거의

nearly 거의

near 가까이에

No one can get near that pear. They are nearly crazy.
아무도 그 배 가까이에 가지 못한다. 그들은 거의 미쳤다.

probably ad 아마

probably 아마

problem 문제

It is probably a big problem.
그것은 아마 큰 문제일 것이다.

rather ad 상당히

rather 상당히

rat 쥐

These two rats are rather large.
이 두 마리의 쥐는 상당히 크다.

alike ad 비슷하게

alike 비슷하게

like 좋아하다

She likes her rabbit. They are alike.
그녀는 그녀의 토끼를 좋아한다. 그들은 비슷하다.

aloud ad 큰소리로

aloud 큰소리로

cloud 구름

It cries aloud at the cloud.
그것은 구름을 향해 큰 소리로 짖는다.

everywhere
ad 어디나, 모든 곳

everywhere 어디나, 모든 곳
anywhere 어디든

We welcome people from everywhere and anywhere.
우리는 어디든, 모든 곳에서 온 사람들을 환영한다.

anywhere ad 어디든

anywhere 어디든
everywhere 어디나, 모든 곳

We welcome people from everywhere and anywhere.
우리는 어디든, 모든 곳에서 온 사람들을 환영한다.

Tip

- Rome was not built in a day.
  로마는 하루아침에 이루어지지 않았다.

- Live and learn. 끊임없이 배워라.

- Seeing is believing.
  백문이 불여일견이다(직접 보면 안 믿을 수 없을 것이다).

- Easy come, easy go. 쉽게 얻은 것은 쉽게 잃는다.

- Keep something for a rainy day.
  비상시에 대비해 저축을 하여라.

- Birds of a feather flock together. 유유상종

- Extremes meet. 극과 극은 서로 통한다.

- Well begun is half done. 시작이 반이다.

- Misery loves company. 동병상련

- Like father, like son. 부전자전

- Everything has an end. 모든 것은 결말이 있다.

- Forgive and forget. 용서하고 잊어버리다.

- After rain comes sunshine.
  비온 뒤에는 햇살이 찾아온다.

at을 활용한 숙어

- be angry at ································· ～에 화를 내다
- be surprised at ···························～에 놀라다
- be good at ································ ～을 잘하다
- be poor at ································ ～을 못하다
- laugh at ·································· ～을 비웃다
- smile at································ ～을 보고 미소짓다
- look at··································· ～을 보다
- bark at ·································· ～에게 짖다
- at once ···································· 즉시
- at last / finally / in the end··········· 드디어, 마침내
- at first ································· 처음에는
- at most ··································· 최대한
- at least··································· 최소한
- at the same time····························· 동시에
- at the last minute·······················마지막 순간에
- at work·································작업 중에
- at dinner ·······························저녁식사 중에
- at play·································노는 중에
- at the price of ···························· ～을 걸고서
- at a high price·····························최고가에
- at a low price·····························최저가에
- at hand ·······························가까이에 있는
- not...at all······························결코 ～이 아닌
- at the beginning of······················ ～의 초반에
- at the end of ························· ～의 마지막에

by를 활용한 숙어

- by oneself / alone ······························ 혼자서
- stand by / support ···························· 지지하다
- go by / go past ································ 지나가다
- by accident ·································· 우연히
- by chance ····································· 뜻밖에
- by mistake ·································· 실수로
- by the way ·································· 그런데
- by hand ································· 사람 손으로
- by telephone ······························· 전화로
- by e-mail ·································· 이메일로
- by air ····································· 항공기로
- by train ·································· 기차로
- by bus ···································· 버스로
- by plane ································· 비행기로
- by taxi ··································· 택시로
- by ship ···································· 배로
- by check / with a check ··············· 수표로
- one by one ····························· 하나씩 차례로

in을 활용한 숙어

- be interested in ····················· ~에 흥미가 있다
- be active in ······················ ~에 활동적이다
- believe in ··························· ~을 믿다
- be in danger ······················ 위험에 빠지다
- be in good order ················· 질서정연하다
- in uniform ······················· 제복을 입고
- be dressed in ... ················· ~옷을 입고 있다

- in fact ····· 사실상
- in short ····· 간략하게 말해서
- in the first place ····· 첫째로
- in public ····· 공개적으로
- in this way ····· 이런 방법으로
- in time ····· 시간 안에
- in a hurry ····· 서둘러
- in free time ····· 여가시간에
- in season ····· 제철인
- get in trouble ····· 곤란에 처하다
- in the dark ····· 어둠 속에서
- fall in love with ····· ～와 사랑에 빠지다
- in the mountains ····· 산에서
- in the newspaper ····· 신문에서
- in the ocean ····· 대양에서
- in the sea ····· 바다에서
- in the sky ····· 하늘에서
- in space ····· 우주에서
- in line ····· 일렬로
- in the middle of ····· ～의 가운데에
- in the center of ····· ～의 중심에
- in the sun ····· 태양에서
- in the snow ····· 눈에서
- in the storm ····· 폭풍우에서
- in the future ····· 미래에
- in the past ····· 과거에
- in the present ····· 현재에
- in the world / on earth ····· 세상에
- in order to ····· ～을 하기 위해
- stay in bed ····· 침대에 머무르다
- keep in touch with / stay in touch with
  ····· ～와 연락하고 지내다

for를 활용한 숙어

- look for ·······················~을 찾다. 구하다
- stand for / represent ···················~을 대표하다
- ask 사람 for 사물 ··················· ~에게 ~을 요청하다
- ask for trouble ························· 사서 고생을 하다
- wait for···································~을 기다리다
- care for / be fond of ······················ ~을 돌보다
- long for ··································~을 갈망하다
- love for 사람 ·································~에 대한 애정
- be ready for···························~을 위해 준비하다
- be famous for ···························~로 유명하다
- be famous as··························· ~로 명성이 높다
- be sorry for ························· ~를 안쓰럽게 여기다
- for example ·································예를 들면
- thank 사람 for 일 / be thankful to 사람 for 일

  ································· ~에게 ~을 감사하다
- go for a walk / take a walk················산보하다
- go for a swim····························수영하러 가다
- for nothing ································ 공짜로
- have...for dinner ···················저녁으로 ~을 먹다
- leave for 장소 ···························· ~로 떠나다
- prepare for································~을 준비하다
- prepare 일 for 사람 ·············~를 위해 ~을 준비하다
- It's time for... / It's time to... ········ ~할 시간이다
- buy 사물 for 비용 ························· ~을 얼마에 사다
- sell 사물 for 비용 ························· ~을 얼마에 팔다

- buy 사물 for 사람 ·························∼을 위해 ∼을 사다
- pay 비용 for 사물 ·················∼을 위해 ∼을 지불하다
- for sale ·····································팔려고 내놓은
- answer for... / be responsible for...
  ··································· ∼에 대해 책임을 지다
- for the first time ···························처음으로
- for the last time··························· 마지막으로
- for a while···································잠시동안
- for a long time ·····························오랫동안
- as for... ·····························∼에 대해 말하자면
- for good / forever···························· 영원히
- for fun ·· 재미로
- for sure ······································· 확실히

take 동사를 활용한 숙어

- take place / happen·························발생하다
- take the place of···························∼을 대신하다
- take part in / join in ·····················∼에 참여하다
- take notes / write notes ··················필기하다
- take care ···································조심하다
- take care of / look after················ ∼을 돌보다
- take a rest ··································휴식하다
- take a break ·····················잠시 휴식을 취하다
- take a bath ·································목욕하다
- take a shower······························ 샤워를 하다
- take a nap ································· 낮잠을 자다
- take a walk ·································산책하다
- take a trip / go on a trip ··················여행가다
- take a holiday ······························ 휴가를 갖다

- take pictures of ················ ~의 사진을 찍다
- take medicine ···················· 약을 먹다
- take temperature ·············· 체온을 재다
- take a seat / have a seat / seat oneself /
  be seated / sit down ·············· 자리에 앉다
- take it easy ························· 진정하다
- take it seriously ··············· 신중히 생각하다
- take off ·························· 벗다, 이륙하다
- take up ············· (시간이나 공간을) 차지하다, 시작하다
- take 사물 down··············(구조물을 해체하여) 치우다
- take away ···························제거하다
- take back··················· 반품하다, 취소하다

have 동사를 활용한 숙어

- have a picnic / go on a picnic /
  go picnicking ·····················소풍 가다
- have a swim / go for a swim·············수영 가다
- have a sale····················· 염가로 팔다
- have a party / throw a party /
  hold a party ····················· 파티를 하다
- have a look at / take a look at ·········~을 보다
- have a date with 사람·········~와 만나기로 약속하다
- have nothing to do with
  ························· ~와 전혀 관련이 없다
- have a cold / catch a cold / get a cold
  ····························감기에 걸리다
- have a headache·················· 두통이 있다
- have a stomachache·············· 복통이 있다
- have a sore throat ·············· 목이 아프다
- have a fever ···················열이 있다

- have a good / have a great time /
  have fun / enjoy oneself
  .... 즐거운 시간을 보내다
- 사람 have fun 동명사 .... ~하면서 재미있게 보내다
- have a hard time .... 힘든 시간을 보내다
- have a good sleep .... 숙면을 취하다
- have trouble 동명사 .... ~하는데 곤란을 겪다
- have problems 동명사 .... ~하는데 문제가 있다
- have experience in .... ~에 경험이 있다
- have interest in .... ~에 흥미가 있다
  be interested in
- have a dream .... 꿈을 꾸다

make 동사를 활용한 숙어

- make it a rule to 동사 원형
  .... ~하는 것을 규칙으로 하다
- make sure / make certain .... 확실하게 하다
- make tea .... 차를 끓이다
- make coffee .... 커피를 끓이다
- make the bed .... 침대를 정리하다
- be made of .... ~로 구성되다(물리적변화)
- be made from .... ~로 구성되다(화학적변화)
- be made in 지명 .... ~에서 만들어지다
- make noise .... 떠들다
- make a mistake .... 실수하다
- make trouble .... 말썽을 일으키다
- make money / earn money .... 돈을 벌다
- make a living by .... ~로 생활하다
- make a speech .... 연설하다

- make a phone call ·····················전화하다
- make faces ······························ 얼굴을 찌푸리다
- make use of·····························～을 활용하다
- make fun of ······························ ～을 놀리다
- make a wish ······························ 소원을 빌다
- make a good shot··········넘겨짚고 말한 것이 맞다
- make a deal·······································협상하다
- make a guess·····································추측하다
- make a choice ····································선택하다
- make a decision ································결정하다
- make a plan for ·····················～의 계획을 세우다
- make friends································친구를 사귀다
- make a list ·································목록을 만들다
- make an excuse ······························변명하다
- make up stories························ 얘기를 지어내다
- make believe ································ 믿게 만들다

그림과 함께 기억하는
포켓 TOEIC 영단어

TOEIC 단어 공부를 쉽고, 재미있게!

☑ 토익 공부를 **재밌는 일러스트**와 함께 공부해보세요.

☑ **단어들 사이의 유사성**으로 여러 단어들을 한꺼번에 외워봅시다.

☑ 단조롭고 재미없었던 토익 공부가 더욱 재밌어질 것입니다.

언제 어디서나 공부할 수 있는

10배속
영어 시리즈

→ 1권당 10,000원

가방에 쏙! 무료 MP3로
어디서나 회화공부를!
여러분의 이해를 돕는 귀여운 일러스트까지!

그림과 함께 기억하는
포켓
영단어
2000

초판 인쇄일 2019년 1월 25일
초판 발행일 2019년 2월 8일

지은이 Sophia Li
옮긴이 혜지원 편집부
발행인 박정모
등록번호 제9-295호
발행처 도서출판 혜지원
주소 (10881) 경기도 파주시 회동길 445-4(문발동 638) 302호
전화 031) 955-9221~5 **팩스** 031) 955-9220
홈페이지 www.hyejiwon.co.kr
블로그 blog.naver.com/hyejiwon9221
페이스북 www.facebook.com/hyejiwon9221

기획 박혜지
진행 박혜지, 박민혁
디자인 전은지
영업마케팅 황대일, 서지영
ISBN 978-89-8379-979-1
정가 12,000원

用左右腦全圖解背2,000單字 Copyright © 2013 by I'm Publishing Group Ltd.
All rights reserved. Originally published in Chinese by I'm Publishing Group Ltd.
Korean language translation rights arranged with HYEJIWON Publishing Co.

이 책의 한국어판 저작권은 대니홍 에이전시를 통한 저작권사와의 독점 계약으로 도서출판 혜지원에 있습니다.
저작권법에 의해 한국 내에서 보호를 받는 저작물이므로 무단전재와 복제를 금합니다.

이 도서의 국립중앙도서관 출판예정도서목록(CIP)은 서지정보유통지원시스템 홈페이지(http://seoji.nl.go.kr)와
국가자료공동목록시스템(http://www.nl.go.kr/kolisnet)에서 이용하실 수 있습니다.(CIP제어번호: CIP2019001981)